ЭТА КНИГА ПРИНАДЛЕЖИТ

ШКОЛЬНАЯ

БИБЛИОТЕКА

ГАЙДАР
Аркадий Петрович
1904–1941

А.П. Гайдар

ТИМУР И ЕГО КОМАНДА

РАССКАЗЫ

Издательский дом «Проф-Пресс»
Ростов-на-Дону
2019

УДК 821.161.1-053.2
ББК 84(2Рос=Рус)6
Г12

Художник
Юрий Кравец

Гайдар А.П.

Г12 Тимур и его команда. Рассказы. — Ростов-на-Дону: Издательский дом «Проф-Пресс», 2019. — 128 с., ил. (серия «Школьная библиотека»).

УДК 821.161.1-053.2
ББК 84(2Рос=Рус)6

ISBN 978-5-378-26784-2

ТИМУР И ЕГО КОМАНДА

Вот уже три месяца, как командир бронедивизиона полковник Александров не был дома. Вероятно, он был на фронте.

В середине лета он прислал телеграмму, в которой предложил своим дочерям Ольге и Жене остаток каникул провести под Москвой на даче.

Сдвинув на затылок цветную косынку и опираясь на палку щётки, насупившаяся Женя стояла перед Ольгой, а та ей говорила:

— Я поехала с вещами, а ты приберёшь квартиру. Можешь бровями не дёргать и губы не облизывать. Потом запри дверь. Книги отнеси в библиотеку. К подругам не заходи, а отправляйся прямо на вокзал. Оттуда пошли папе вот эту телеграмму. Затем садись в поезд и приезжай на дачу... Евгения, ты меня должна слушаться. Я твоя сестра...

— И я твоя тоже.

— Да… но я старше… и, в конце концов, так велел папа.

Когда во дворе зафырчала отъезжающая машина, Женя вздохнула и оглянулась. Кругом был разор и беспорядок. Она подошла к пыльному зеркалу, в котором отражался висевший на стене портрет отца.

Хорошо! Пусть Ольга старше и пока её нужно слушаться. Но зато у неё, у Жени, такие же, как у отца, нос, рот, брови. И, вероятно, такой же, как у него, будет характер.

Она туже перевязала косынкой волосы. Сбросила сандалии. Взяла тряпку. Сдёрнула со стола скатерть, сунула под кран ведро и, схватив щётку, поволокла к порогу груду мусора.

Вскоре запыхтела керосинка и загудел примус.

Пол был залит водой. В бельевом цинковом корыте шипела и лопалась мыльная пена. А прохожие с улицы удивлённо поглядывали на босоногую девчонку в красном сарафане, которая, стоя на подоконнике третьего этажа, смело протирала стёкла распахнутых окон.

Грузовик мчался по широкой солнечной дороге. Поставив ноги на чемодан и опираясь на мягкий узел, Ольга сидела в плетёном кресле. На коленях у неё лежал рыжий котёнок и теребил лапами букет васильков.

У тридцатого километра их нагнала походная красноармейская мотоколонна. Сидя на деревянных скамьях рядами, красноармейцы держали направленные дулом к небу винтовки и дружно пели.

При звуках этой песни шире распахивались окна и двери в избах. Из-за заборов, из калиток вылетали обрадованные ребятишки. Они махали руками, бросали красноармейцам ещё недозрелые яблоки, кричали вдогонку «ура» и тут же затевали бои, сражения, врубаясь в полынь и крапиву стремительными кавалерийскими атаками.

Грузовик свернул в дачный посёлок и остановился перед небольшой, укрытой плющом дачей.

Шофёр с помощником откинули борта и взялись сгружать вещи, а Ольга открыла застеклённую террасу.

Отсюда был виден большой запущенный сад. В глубине сада торчал неуклюжий двухэтажный сарай, и над крышею этого сарая развевался маленький красный флаг.

Ольга вернулась к машине. Здесь к ней подскочила бойкая старая женщина — это была соседка, молочница. Она вызвалась прибрать дачу, вымыть окна, полы и стены.

Пока соседка разбирала тазы и тряпки, Ольга взяла котёнка и прошла в сад.

На стволах обклёванных воробьями вишен блестела горячая смола. Крепко пахло смородиной, ромашкой и полынью. Замшелая крыша сарая была в дырах, и из этих дыр тянулись поверху и исчезали в листве деревьев какие-то тонкие верёвочные провода.

Ольга пробралась через орешник и смахнула с лица паутину.

Что такое? Красного флага над крышей уже не было, и там торчала только палка.

Тут Ольга услышала быстрый, тревожный шёпот. И вдруг, ломая сухие ветви, тяжёлая лестница — та, что была приставлена к окну чердака сарая, — с треском полетела вдоль стены и, подминая лопухи, гулко брякнулась о землю.

Верёвочные провода над крышей задрожали. Царапнув руки, котёнок кувыркнулся в крапиву. Недоумевая, Ольга остановилась, осмотрелась, прислушалась. Но ни среди зелени, ни за чужим забором, ни в чёрном квадрате окна сарая никого не было ни видно, ни слышно.

Она вернулась к крыльцу.

— Это ребятишки по чужим садам озоруют, — объяснила Ольге молочница. — Вчера у соседей две яблони обтрясли, сломали грушу. Такой народ пошёл... хулиганы. Я, дорогая, сына в Красную Армию служить проводила. И как пошёл, вина не пил. «Прощай, — говорит, — мама». И пошёл и засвистел, милый. Ну, к вечеру, как положено, взгрустнулось, всплакнула. А ночью просыпаюсь, и чудится мне, что по двору шныряет кто-то, шмыгает. Ну, думаю, человек я теперь одинокий, заступиться некому... А много ли мне, старой, надо? Кирпичом по голове стукни — вот я и готова. Однако бог миловал — ничего не украли. Пошмыгали, пошмыгали и ушли. Кадка у меня во дворе стояла — дубовая, вдвоём не своротишь, — так её шагов на двадцать к воротам подкатили. Вот и всё. А что был за народ, что за люди — дело тёмное.

В сумерки, когда уборка была закончена, Ольга вышла на крыльцо. Тут из кожаного футляра бережно достала она белый, сверкающий перламутром аккордеон — подарок отца, который он прислал ей ко дню рождения.

Она положила аккордеон на колени, перекинула ремень через плечо и стала подбирать музыку к словам недавно услышанной ею песенки:

Ах, если б только раз
Мне вас ещё увидеть,
Ах, если б только... раз...
И два... и три...
А вы и не поймёте
На быстром самолёте,
Как вас ожидала я до утренней зари.
Да!
Лётчики-пилоты! Бомбы-пулемёты!
Вот и улетели в дальний путь.
Вы когда вернётесь?
Я не знаю, скоро ли,
Только возвращайтесь... хоть когда-нибудь.

Ещё в то время, когда Ольга напевала эту песенку, несколько раз бросала она короткие настороженные взгляды в сторону тёмного куста, который рос во дворе у забора.

Закончив играть, она быстро поднялась и, повернувшись к кусту, громко спросила:

— Послушайте! Зачем вы прячетесь и что вам здесь надо?

Из-за куста вышел человек в обыкновенном белом костюме. Он наклонил голову и вежливо ей ответил:

— Я не прячусь. Я сам немного артист. Я не хотел вам мешать. И вот я стоял и слушал.

— Да, но вы могли стоять и слушать с улицы. Вы же для чего-то перелезли через забор.

— Я?.. Через забор?.. — обиделся человек. — Извините, я не кошка. Там, в углу забора, выломаны доски, и я с улицы проник через это отверстие.

— Понятно! — усмехнулась Ольга. — Но вот калитка. И будьте добры проникнуть через неё обратно на улицу.

Человек был послушен. Не говоря ни слова, он прошёл через калитку, запер за собой задвижку, и это Ольге понравилось.

— Погодите! — спускаясь со ступени, остановила его она. — Вы кто? Артист?

— Нет, — ответил человек. — Я инженер-механик, но в свободное время я играю и пою в нашей заводской опере.

— Послушайте, — неожиданно просто предложила ему Ольга. — Проводите меня до вокзала. Я жду младшую сестрёнку. Уже темно, поздно, а её всё нет и нет. Я никого не боюсь, но я ещё не знаю здешних улиц. Однако постойте, зачем же вы открываете калитку? Вы можете подождать меня и у забора.

Она отнесла аккордеон, накинула на плечи платок и вышла на тёмную, пахнувшую росой и цветами улицу.

Ольга была сердита на Женю и поэтому со своим спутником по дороге говорила мало. Он же сказал ей, что его зовут Георгий, фамилия его Гараев и он работает инженером-механиком на автомобильном заводе.

Поджидая Женю, они пропустили уже два поезда; наконец прошёл и третий, последний.

— С этой негодной девчонкой хлебнёшь горя! — огорчённо воскликнула Ольга. — Ну, если бы ещё мне было лет сорок или хотя бы тридцать. А то ей тринадцать, мне — восемнадцать, и поэтому она меня совсем не слушается.

— Сорок не надо! — решительно отказался Георгий. — Восемнадцать куда как лучше! Да вы зря не беспокойтесь. Ваша сестра приедет рано утром.

Перрон опустел. Георгий вынул портсигар. Тут же к нему подошли два молодцеватых подростка и, дожидаясь огня, вынули свои папиросы.

— Молодой человек, — зажигая спичку и озаряя лицо старшего, сказал Георгий. — Прежде чем тянуться ко мне с папиросой, надо поздороваться, ибо я уже имел честь с вами познакомиться в парке, где вы трудолюбиво выламывали доску из нового забора. Вас зовут Михаил Квакин. Не так ли?

Мальчишка засопел, попятился, а Георгий потушил спичку, взял Ольгу за локоть и повёл её к дому.

Когда они отошли, то второй мальчишка сунул замусоленную папиросу за ухо и небрежно спросил:

— Это ещё что за пропагандист выискался? Здешний?

— Здешний, — нехотя ответил Квакин. — Это Тимки Гараева дядя. Тимку бы поймать, излупить надо. Он подобрал себе компанию, и они, кажется, гнут против нас дело.

Тут оба приятеля заметили под фонарём в конце платформы седого почтенного джентльмена, который, опираясь на палку, спускался по лесенке.

Это был местный житель, доктор Ф.Г. Колокольчиков.

Они помчались за ним вдогонку, громко спрашивая, нет ли у него спичек. Но их вид и голоса никак не понравились этому джентльмену, поэтому, обернувшись, он погрозил им суковатой палкой и степенно пошёл своей дорогой.

С московского вокзала Женя не успела послать телеграмму отцу, и поэтому, сойдя с дачного поезда, она решила разыскать поселковую почту.

Проходя через старый парк и собирая колокольчики, она незаметно вышла на перекрёсток двух огороженных садами улиц, пустынный вид которых ясно показывал, что попала она совсем не туда, куда ей было надо.

Невдалеке она увидела маленькую проворную девчонку, которая с ругательствами волокла за рога упрямую козу.

— Скажи, дорогая, пожалуйста, — закричала ей Женя, — как мне пройти отсюда на почту?

Но тут коза рванулась, крутанула рогами и галопом понеслась по парку, а девчонка с воплем помчалась за ней следом.

Женя огляделась: уже смеркалось, а людей вокруг видно не было. Она открыла калитку чьей-то серой двухэтажной дачи и по тропинке прошла к крыльцу.

— Скажите, пожалуйста, — не открывая дверь, громко, но очень вежливо спросила Женя, — как бы мне отсюда пройти на почту?

Ей не ответили. Она постояла, подумала, открыла дверь и через коридор прошла в комнату. Хозяев дома не было. Тогда, смутившись, она повернулась, чтобы выйти, но тут из-под стола бесшумно выползла большая светло-рыжая собака.

Она внимательно оглядела оторопевшую девочку и, тихо зарычав, легла поперёк пути у двери.

— Ты, глупая! — испуганно растопыривая пальцы, закричала Женя. — Я не вор! Я у вас ничего не взяла. Это вот ключ от нашей квартиры. Это телеграмма папе. Мой папа — командир. Тебе понятно?

Собака молчала и не шевелилась. А Женя, потихоньку подвигаясь к распахнутому окну, продолжала:

— Ну вот! Ты лежишь? И лежи... Очень хорошая собачка... такая с виду умная, симпатичная.

Но едва Женя дотронулась рукой до подоконника, как симпатичная собака с грозным рычанием вскочила, и, в страхе прыгнув на диван, Женя поджала ноги.

— Очень странно, — чуть не плача, заговорила она. — Ты лови разбойников и шпионов, а я... человек. Да! — Она показала собаке язык. — Дура!

Женя положила ключ и телеграмму на край стола. Надо было дожидаться хозяев.

Но прошёл час, другой... Уже стемнело. Через открытое окно доносились далёкие гудки паровозов, лай собак и удары волейбольного мяча. Где-то играли на гитаре. И только здесь, около серой дачи, всё было глухо и тихо.

Положив голову на жёсткий валик дивана, Женя тихонько заплакала.

Наконец она крепко уснула.

Она проснулась только утром.

За окном шумела пышная, омытая дождём листва. Неподалёку скрипело колодезное колесо. Где-то пилили дрова, но здесь, на даче, было по-прежнему тихо.

Под головой у Жени лежала теперь мягкая кожаная подушка, а ноги её были накрыты лёгкой простынёй. Собаки на полу не было.

Значит, сюда ночью кто-то приходил!

Женя вскочила, откинула волосы, одёрнула помятый сарафанчик, взяла со стола ключ, неотправленную телеграмму и хотела бежать.

И тут на столе она увидела лист бумаги, на котором крупно синим карандашом было написано:

«Девочка, когда будешь уходить, захлопни крепче дверь». Ниже стояла подпись: «Тимур».

«Тимур? Кто такой Тимур? Надо бы повидать и поблагодарить этого человека».

Она заглянула в соседнюю комнату. Здесь стоял письменный стол, на нём — чернильный прибор, пепельница, небольшое зеркало. Справа, возле кожаных автомобильных краг, лежал старый, ободранный револьвер. Тут же у стола в облупленных и исцарапанных ножнах стояла кривая турецкая сабля. Женя положила ключ и телеграмму, потрогала саблю, вынула её из ножен, подняла клинок над своей головой и посмотрелась в зеркало.

Вид получился суровый, грозный. Хорошо бы так сняться и потом притащить в школу карточку! Можно было бы соврать, что

когда-то отец брал её с собой на фронт. В левую руку можно взять револьвер. Вот так. Это будет ещё лучше.

Она до отказа стянула брови, сжала губы и, целясь в зеркало, надавила курок.

Грохот ударил по комнате. Дым заволок окна. Упало на пепельницу настольное зеркало. И, оставив на столе и ключ, и телеграмму, оглушённая Женя вылетела из комнаты и помчалась прочь от этого странного и опасного дома.

Каким-то путём она очутилась на берегу речки. Теперь у неё не было ни ключа от московской квартиры, ни квитанции на телеграмму, ни самой телеграммы. И теперь Ольге надо было рассказывать всё: и про собаку, и про ночёвку в пустой даче, и про турецкую саблю, и, наконец, про выстрел. Скверно! Был бы папа, он бы понял. Ольга не поймёт. Ольга рассердится или, чего доброго, заплачет. А это ещё хуже. Плакать Женя и сама умела. Но при виде Ольгиных слёз ей всегда хотелось забраться на телеграфный столб, на высокое дерево или на трубу крыши.

Для храбрости Женя выкупалась и тихонько пошла отыскивать свою дачу.

Когда она поднималась по крылечку, Ольга стояла на кухне и разводила примус. Заслышав шаги, Ольга обернулась и молча враждебно уставилась на Женю.

— Оля, здравствуй! — останавливаясь на верхней ступеньке и пытаясь улыбнуться, сказала Женя. — Оля, ты ругаться не будешь?

— Буду! — не сводя глаз с сестры, ответила Ольга.

— Ну, ругайся, — покорно согласилась Женя. — Такой, знаешь ли, странный случай, такое необычайное приключение! Оля, я тебя прошу, ты бровями не дёргай, ничего страшного, я просто ключ от квартиры потеряла, телеграмму папе не отправила...

Женя зажмурила глаза и перевела дух, собираясь выпалить всё разом. Но тут калитка перед домом с треском распахнулась. Во двор заскочила, вся в репьях, лохматая коза и, низко опустив рога, помчалась в глубь сада. А за нею с воплем пронеслась уже знакомая Жене босоногая девчонка.

Воспользовавшись таким случаем, Женя прервала опасный разговор и кинулась в сад выгонять козу. Она нагнала девчонку, когда та, тяжело дыша, держала козу за рога.

— Девочка, ты ничего не потеряла? — быстро сквозь зубы спросила у Жени девчонка, не переставая колошматить козу пинками.

— Нет, — не поняла Женя.

— А это чьё? Не твоё? — И девчонка показала ей ключ от московской квартиры.

— Моё, — шёпотом ответила Женя, робко оглядываясь в сторону террасы.

— Возьми ключ, записку и квитанцию, а телеграмма уже отправлена, — всё так же быстро и сквозь зубы пробормотала девчонка.

И, сунув Жене в руку бумажный свёрток, она ударила козу кулаком.

Коза поскакала к калитке, а босоногая девчонка прямо через колючки, через крапиву, как тень, понеслась следом.

И разом за калиткою они исчезли.

Сжав плечи, как будто бы поколотили её, а не козу, Женя раскрыла свёрток:

«Это ключ. Это телеграфная квитанция. Значит, кто-то телеграмму отцу отправил. Но кто? Ага, вот записка! Что же это такое?»

В этой записке крупно синим карандашом было написано:

«Девочка, никого дома не бойся. Всё в порядке, и никто от меня ничего не узнает». А ниже стояла подпись: «Тимур».

Как заворожённая, тихо сунула Женя записку в карман.

Потом выпрямила плечи и уже спокойно пошла к Ольге.

Ольга стояла всё там же, возле неразожжённого примуса, и на глазах её уже выступили слёзы.

— Оля! — горестно воскликнула тогда Женя. — Я пошутила. Ну за что ты на меня сердишься? Я прибрала всю квартиру, я протёрла окна, я старалась, я все тряпки, все полы вымыла. Вот тебе ключ, вот квитанция от папиной телеграммы. И дай лучше я тебя поцелую. Знаешь, как я тебя люблю! Хочешь, я для тебя в крапиву с крыши спрыгну?

И, не дожидаясь, пока Ольга что-либо ответит, Женя бросилась к ней на шею.

— Да… но я беспокоилась, — с отчаянием заговорила Ольга. — И вечно нелепые у тебя шутки… А мне папа велел… Женя, оставь! Женька, у меня руки в керосине! Женька, налей лучше молоко и поставь кастрюлю на примус!

— Я… без шуток не могу, — бормотала Женя в то время, когда Ольга стояла возле умывальника.

Она бухнула кастрюлю с молоком на примус, потрогала лежавшую в кармане записку и спросила:

— Оля, бог есть?

— Нет, — ответила Ольга и подставила голову под умывальник.

— А кто есть?

— Отстань! — с досадой ответила Ольга. — Никого нет!

Женя помолчала и опять спросила:

— Оля, а кто такой Тимур?

— Это не бог, это один царь такой, — намыливая себе лицо и руки, неохотно ответила Ольга, — злой, хромой, из средней истории.

— А если не царь, не злой и не из средней, тогда кто?

— Тогда не знаю. Отстань! И на что это тебе Тимур дался?

— А на то, что, мне кажется, я очень люблю этого человека.

— Кого? — И Ольга недоуменно подняла покрытое мыльной пеной лицо. — Что ты всё там бормочешь, выдумываешь, не даёшь спокойно умыться! Вот погоди, приедет папа, и он в твоей любви разберётся.

— Что ж, папа! — скорбно, с пафосом воскликнула Женя. — Если он и приедет, то так ненадолго. И он, конечно, не будет обижать одинокого и беззащитного человека.

— Это ты-то одинокая и беззащитная? — недоверчиво спросила Ольга. — Ох, Женька, не знаю я, что ты за человек и в кого только ты уродилась!

Тогда Женя опустила голову и, разглядывая своё лицо, отражавшееся в цилиндре никелированного чайника, гордо и не раздумывая ответила:

— В папу. Только. В него. Одного. И больше ни в кого на свете.

Пожилой джентльмен, доктор Ф.Г. Колокольчиков, сидел в своём саду и чинил стенные часы.

Перед ним с унылым выражением лица стоял его внук Коля.

Считалось, что он помогает дедушке в работе. На самом же деле вот уже целый час, как он держал в руке отвёртку, дожидаясь, пока дедушке этот инструмент понадобится.

Но стальная спиральная пружина, которую нужно было вогнать на своё место, была упряма, а дедушка был терпелив.

И казалось, что конца-края этому ожиданию не будет. Это было обидно, тем более что из-за соседнего забора вот уже несколько раз высовывалась вихрастая голова Симы Симакова, человека очень расторопного и сведущего. И этот Сима Симаков языком, головой и руками подавал Коле знаки столь странные и загадочные, что даже пятилетняя Колина сестра Татьянка, которая, сидя под липою, сосредоточенно пыталась затолкать репей в пасть

лениво развалившейся собаке, неожиданно завопила и дёрнула дедушку за штанину, после чего голова Симы Симакова мгновенно исчезла.

Наконец пружина легла на своё место.

— Человек должен трудиться, — поднимая влажный лоб и обращаясь к Коле, наставительно произнёс седой джентльмен Ф.Г. Колокольчиков. — У тебя же такое лицо, как будто бы я угощаю тебя касторкой. Подай отвёртку и возьми клещи. Труд облагораживает человека. Тебе же душевного благородства как раз не хватает. Например, вчера ты съел четыре порции мороженого, а с младшей сестрой не поделился.

— Она врёт, бессовестная! — бросая на Татьянку сердитый взгляд, воскликнул оскорблённый Коля. — Три раза я давал ей откусить по два раза. Она же пошла на меня жаловаться да ещё по дороге стянула с маминого стола четыре копейки.

— А ты ночью по верёвке из окна лазил, — не поворачивая головы, хладнокровно ляпнула Татьянка. — У тебя под подушкой есть фонарь. А в спальню к нам вчера какой-то хулиган кидал камнем. Кинет да посвистит, кинет да ещё свистнет.

Дух захватило у Коли Колокольчикова при этих наглых словах бессовестной Татьянки. Дрожь пронизала тело от головы до пяток. Но, к счастью, занятый работой дедушка на такую опасную клевету внимания не обратил или просто её не расслышал.

Очень кстати в сад тут вошла с бидонами молочница и, отмеривая кружками молоко, начала жаловаться:

— А у меня, батюшка Фёдор Григорьевич, жулики ночью чуть было дубовую кадку со двора не своротили. А сегодня люди говорят, что чуть свет у меня на крыше двух человек видели: сидят на трубе, проклятые, и ногами болтают.

— То есть как на трубе? С какой же это, позвольте, целью? — начал было спрашивать удивлённый джентльмен.

Но тут со стороны курятника раздался лязг и звон. Отвёртка в руке седого джентльмена дрогнула, и упрямая пружина, вылетев из своего гнезда, с визгом брякнулась о железную крышу. Все, даже Татьянка, даже ленивая собака, разом обернулись, не понимая, откуда звон и в чём дело. А Коля Колокольчиков, не сказав ни слова, метнулся, как заяц, через морковные грядки и исчез за забором.

Он остановился возле коровьего сарая, изнутри которого, так же как из курятника, доносились резкие звуки, как будто бы кто-то бил гирей по отрезку стальной рельсы. Здесь-то он и столкнулся с Симой Симаковым, у которого взволнованно спросил:

— Слушай... Я не пойму. Это что?.. Тревога?

— Да нет! Это, кажется, по форме номер один позывной сигнал общий.

Они перепрыгнули через забор, нырнули в дыру ограды парка. Здесь с ними столкнулся широкоплечий крепкий мальчуган Гейка. Следом подскочил Василий Ладыгин. Ещё и ещё кто-то. И бесшумно, проворно, одним только им знакомыми ходами они неслись к какой-то цели, на бегу коротко переговариваясь:

— Это тревога?

— Да нет! Это форма номер один позывной общий.

— Какой позывной? Это не «три — стоп», «три — стоп». Это какой-то болван кладёт колесом десять ударов кряду.

— А вот посмотрим!

— Ага, проверим!

— Вперёд! Молнией!

А в это время в комнате той самой дачи, где ночевала Женя, стоял высокий темноволосый мальчуган лет тринадцати. На нём были лёгкие чёрные брюки и тёмно-синяя безрукавка с вышитой красной звездой.

К нему подошёл седой лохматый старик. Холщовая рубаха его была бедна. Широченные штаны — в заплатках. К колену его левой ноги ремнями была пристёгнута грубая деревяшка. В одной руке он держал записку, другой сжимал старый, ободранный револьвер.

— «Девочка, когда будешь уходить, захлопни крепче дверь», — насмешливо прочёл старик. — Итак, может быть, ты мне всё-таки скажешь, кто ночевал у нас сегодня на диване?

— Одна знакомая девочка, — неохотно ответил мальчуган. — Её без меня задержала собака.

— Вот и врёшь! — рассердился старик. — Если бы она была тебе знакомая, то здесь, в записке, ты назвал бы её по имени.

— Когда я писал, то я не знал. А теперь я её знаю.

— Не знал! И ты оставил её утром одну... в квартире? Ты, друг мой, болен, и тебя надо отправить в сумасшедший. Эта дрянь разбила зеркало, расколотила пепельницу. Ну, хорошо, что револьвер был заряжен холостыми, а если бы в нём были патроны боевые?

— Но, дядя... боевых патронов у тебя не бывает, потому что у врагов твоих ружья и сабли... просто деревянные.

Похоже было на то, что старик улыбнулся. Однако, тряхнув лохматой головой, он строго сказал:

— Ты смотри! Я всё замечаю. Дела у тебя, как я вижу, тёмные, и как бы за них я не отправил тебя назад, к матери.

Пристукивая деревяшкой, старик пошёл вверх по лестнице. Когда он скрылся, мальчуган подпрыгнул, схватил за лапы вбежавшую в комнату собаку и поцеловал её в морду.

— Ага, Рита! Мы с тобой попались. Ничего, он сегодня добрый. Он сейчас петь будет.

И точно. Сверху из комнаты послышалось откашливание. Потом этакое тра-ля-ля!.. И наконец низкий баритон запел:

...Я третью ночь не сплю,
Мне чудится всё то же
Движенье тайное в угрюмой тишине...

— Стой, сумасшедшая собака! — крикнул Тимур. — Что ты мне рвёшь штаны и куда ты меня тянешь?

Вдруг он с шумом захлопнул дверь, которая вела наверх, к дяде, и через коридор вслед за собакой выскочил на веранду.

В углу веранды возле небольшого телефона дёргался, прыгал и колотился о стену подвязанный к верёвке бронзовый колокольчик.

Мальчуган зажал его в руке, замотал бечёвку на гвоздь. Теперь вздрагивающая бечёвка ослабла — должно быть, где-то лопнула. Тогда, удивлённый и рассерженный, он схватил трубку телефона.

Часом раньше, чем всё это случилось, Ольга сидела за столом. Перед нею лежал учебник физики.

Вошла Женя и достала пузырёк с йодом.

— Женя, — недовольно спросила Ольга, — откуда у тебя на плече царапина?

— А я шла, — беспечно ответила Женя, — а там стояло на пути что-то такое колючее или острое. Вот так и получилось.

— Отчего же это у меня на пути не стоит ничего колючего или острого? — передразнила её Ольга.

— Неправда! У тебя на пути стоит экзамен по математике. Он и колючий и острый. Вот посмотри, срежешься!.. Олечка, не ходи на инженера, ходи на доктора, — заговорила Женя, подсовывая Ольге настольное зеркало. — Ну погляди: какой из тебя инженер? Инженер должен быть — вот... вот... и вот... (Она сделала три энергичных гримасы.) А у тебя — вот... вот... и вот... — Тут Женя повела глазами, приподняла брови и очень нежно улыбнулась.

— Глупая! — обнимая её, целуя и легонько отталкивая, сказала Ольга. — Уходи, Женя, и не мешай. Ты бы лучше сбегала к колодцу за водой.

Женя взяла с тарелки яблоко, отошла в угол, постояла у окна, потом расстегнула футляр аккордеона и заговорила:

— Знаешь, Оля! Подходит ко мне сегодня какой-то дяденька. Так с виду ничего себе — блондин, в белом костюме, и спрашивает: «Девочка, тебя как зовут?» Я говорю: «Женя...»

— Женя, не мешай и инструмент не трогай, — не оборачиваясь и не отрываясь от книги, сказала Ольга.

— «А твою сестру, — доставая аккордеон, продолжала Женя, — кажется, зовут Ольгой?»

— Женька, не мешай и инструмент не трогай! — невольно прислушиваясь, повторила Ольга.

— «Очень, — говорит он, — твоя сестра хорошо играет. Она не хочет ли учиться в консерватории?» (Женя достала аккордеон и перекинула ремень через плечо.) «Нет, — говорю я ему, — она уже учится по железобетонной специальности».

А он тогда говорит: «А-а!» (Тут Женя нажала один клавиш.) А я ему говорю: «Бэ-э!» (Тут Женя нажала другой клавиш.)

— Негодная девчонка! Положи инструмент на место! — вскакивая, крикнула Ольга. — Кто тебе разрешает вступать в разговоры с какими-то дяденьками?

— Ну и положу, — обиделась Женя. — Я и не вступала. Это вступил он. Хотела я тебе рассказать дальше, а теперь не буду. Вот погоди, приедет папа, он тебе покажет!

— Мне? Это тебе покажет. Ты мешаешь мне заниматься.

— Нет, тебе! — хватая пустое ведро, уже с крыльца откликнулась Женя. — Я ему расскажу, как ты меня по сто раз в день то за керосином, то за мылом, то за водой гоняешь! Я тебе не грузовик, не конь и не трактор.

Она принесла воды, поставила ведро на лавку, но так как Ольга, не обратив на это внимания, сидела, склонившись над книгой, обиженная Женя ушла в сад.

Выбравшись на лужайку перед старым двухэтажным сараем, Женя вынула из кармана рогатку и, натянув резинку, запустила в небо маленького картонного парашютиста.

Взлетев кверху ногами, парашютист перевернулся. Над ним раскрылся голубой бумажный купол, но тут крепче рванул ветер, парашютиста поволокло в сторону, и он исчез за тёмным чердачным окном сарая.

Авария! Картонного человечка надо было выручать. Женя обошла сарай, через дырявую крышу которого разбегались во все стороны тонкие верёвочные провода. Она подтащила к окну трухлявую лестницу и, взобравшись по ней, спрыгнула на пол чердака.

Очень странно! Этот чердак был обитаем. На стене висели мотки верёвок, фонарь, два скрещённых сигнальных флага и карта посёлка, вся исчерченная непонятными знаками.

В углу лежала покрытая мешковиной охапка соломы. Тут же стоял перевёрнутый фанерный ящик. Возле дырявой замшелой крыши торчало большое, похожее на штурвальное, колесо. Над колесом висел самодельный телефон.

Женя заглянула через щель. Перед ней, как волны моря, колыхалась листва густых садов. В небе играли голуби.

И тогда Женя решила: пусть голуби будут чайками, этот старый сарай с его верёвками, фонарями и флагами — большим кораблём. Она же сама будет капитаном.

Ей стало весело. Она повернула штурвальное колесо. Тугие верёвочные провода задрожали, загудели. Ветер зашумел и погнал зелёные волны. А ей показалось, что это её корабль-сарай медленно и спокойно по волнам разворачивается.

— Лево руля на борт! — громко скомандовала Женя и крепче налегла на тяжёлое колесо.

Прорвавшись через щели крыши, узкие прямые лучи солнца упали ей на лицо и платье. Но Женя поняла, что это неприятельские суда нащупывают её своими прожекторами, и она решила дать им бой.

С силой управляла она скрипучим колесом, маневрируя вправо и влево, и властно выкрикивала слова команды.

Но вот острые прямые лучи прожектора поблёкли, погасли. И это, конечно, не солнце зашло за тучу. Это разгромленная вражья эскадра шла ко дну.

Бой был окончен. Пыльной ладонью Женя вытерла лоб, и вдруг на стене задребезжал звонок телефона. Этого Женя не ожидала: она думала, что этот телефон — просто игрушка. Ей стало не по себе. Она сняла трубку.

Голос звонкий и резкий спрашивал:

— Алло! Алло! Отвечайте. Какой осёл обрывает провода и подаёт сигналы, глупые и непонятные?

— Это не осёл, — пробормотала озадаченная Женя. — Это я — Женя!

— Сумасшедшая девчонка! — резко и почти испуганно прокричал тот же голос. — Оставь штурвальное колесо и беги прочь. Сейчас примчатся... люди, и они тебя поколотят.

Женя бросила трубку, но было уже поздно. Вот на свету показалась чья-то голова: это был Гейка, за ним Сима Симаков, Коля Колокольчиков, а вслед лезли ещё и ещё мальчишки.

— Кто вы такие? — отступая от окна, в страхе спросила Женя. — Уходите!.. Это наш сад. Я вас сюда не звала.

Но плечо к плечу, плотной стеной ребята молча шли на Женю. И, очутившись прижатой к углу, Женя вскрикнула.

В то же мгновенье в просвете мелькнула ещё одна тень. Все обернулись и расступились. И перед Женей встал высокий темноволосый мальчуган в синей безрукавке, на груди которой была вышита красная звезда.

— Тише, Женя! — громко сказал он. — Кричать не надо. Никто тебя не тронет. Мы с тобой знакомы. Я — Тимур.

— Ты Тимур?! — широко раскрывая полные слёз глаза, недоверчиво воскликнула Женя. — Это ты укрыл меня ночью простынёй? Ты оставил мне на столе записку? Ты отправил папе на фронт телеграмму, а мне прислал ключ и квитанцию? Но зачем? За что? Откуда ты меня знаешь?

Тогда он подошёл к ней, взял её за руку и ответил:

— А вот оставайся с нами! Садись и слушай, и тогда тебе всё будет понятно.

На покрытой мешками соломе вокруг Тимура, который разложил перед собой карту посёлка, расположились ребята.

У отверстия выше слухового окна повис на верёвочных качелях наблюдатель. Через его шею был перекинут шнурок с помятым театральным биноклем.

Неподалёку от Тимура сидела Женя и насторожённо прислушивалась и приглядывалась ко всему, что происходит на совещании этого никому не известного штаба. Говорил Тимур:

— Завтра, на рассвете, пока люди спят, я и Колокольчиков исправим оборванные ею (он показал на Женю) провода.

— Он проспит, — хмуро вставил большеголовый, одетый в матросскую тельняшку Гейка. — Он просыпается только к завтраку и к обеду.

— Клевета! — вскакивая и заикаясь, вскричал Коля Колокольчиков. — Я встаю вместе с первым лучом солнца.

— Я не знаю, какой у солнца луч первый, какой второй, но он проспит обязательно, — упрямо продолжал Гейка.

Тут болтавшийся на верёвках наблюдатель свистнул. Ребята повскакали.

По дороге в клубах пыли мчался конноартиллерийский дивизион. Могучие, одетые в ремни и железо кони быстро волокли за собою зелёные зарядные ящики и укрытые серыми чехлами пушки.

Обветренные, загорелые ездовые, не качнувшись в седле, лихо заворачивали за угол, и одна за другой батареи скрывались в роще. Дивизион умчался.

— Это они на вокзал, на погрузку поехали, — важно объяснил Коля Колокольчиков. — Я по их обмундированию вижу: когда они скачут на ученье, когда на парад, а когда и ещё куда.

— Видишь — и молчи! — остановил его Гейка. — Мы и сами с глазами. Вы знаете, ребята, этот болтун хочет убежать в Красную Армию!

— Нельзя, — вмешался Тимур. — Это затея совсем пустая.

— Как нельзя? — покраснев, спросил Коля. — А почему же раньше мальчишки всегда на фронт бегали?

— То раньше! А теперь крепко-накрепко всем начальникам и командирам приказано гнать оттуда нашего брата по шее.

— Как по шее? — вспылив и ещё больше покраснев, вскричал Коля Колокольчиков. — Это... своих-то?

— Да вот!.. — И Тимур вздохнул. — Это своих-то! А теперь, ребята, давайте к делу.

Все расселись по местам.

— В саду дома номер тридцать четыре по Кривому переулку неизвестные мальчишки обтрясли яблоню, — обиженно сообщил Коля Колокольчиков. — Они сломали две ветки и помяли клумбу.

— Чей дом? — И Тимур заглянул в клеёнчатую тетрадь. — Дом красноармейца Крюкова. Кто у нас здесь бывший специалист по чужим садам и яблоням?

— Я, — раздался сконфуженный голос.

— Кто это мог сделать?

— Это работал Мишка Квакин и его помощник под названием «Фигура». Яблоня — мичуринка, сорт «золотой налив», и, конечно, взята на выбор.

— Опять и опять Квакин! — Тимур задумался. — Гейка! У тебя с ним разговор был?

— Был.

— Ну и что же?

— Дал ему два раза по шее.

— А он?

— Ну и он сунул мне раза два тоже.

— Эк у тебя всё — «дал» да «сунул»!.. А толку что-то нету. Ладно! Квакиным мы займёмся особо. Давайте дальше.

— В доме номер двадцать пять у старухи молочницы взяли в кавалерию сына, — сообщил из угла кто-то.

— Вот хватил! — И Тимур укоризненно качнул головой. — Да там на воротах ещё третьего дня наш знак поставлен. А кто ставил? Колокольчиков, ты?

— Я.

— Так почему же у тебя верхний левый луч звезды кривой, как пиявка? Взялся сделать — сделай хорошо. Люди придут — смеяться будут. Давайте дальше.

Вскочил Сима Симаков и зачастил уверенно, без запинки:

— В доме номер пятьдесят четыре по Пушкарёвой улице коза пропала. Я иду, вижу — старуха девчонку колотит. Я кричу: «Тётенька, бить не по закону!» Она говорит: «Коза пропала. Ах, будь ты проклята!» — «Да куда же она пропала?» — «А вон там, в овраге за перелеском, обгрызла мочалу и провалилась, как будто её волки съели!»

— Погоди! Чей дом?

— Дом красноармейца Павла Гурьева. Девчонка — его дочь, зовут Нюрка. Колотила её бабка. Как зовут, не знаю. Коза серая, со спины чёрная. Зовут Манька.

— Козу разыскать! — строго приказал Тимур. — Пойдёт команда в четыре человека. Ты... ты, ты и ты. Ну, всё, ребята?

— В доме номер двадцать два девчонка плачет, — как бы нехотя сообщил Гейка.

— Чего же она плачет?

— Спрашивал — не говорит.

— А ты спросил бы получше. Может быть, кто-нибудь её поколотил... обидел?

— Спрашивал — не говорит.

— А велика ли девчонка?

— Четыре года.

— Вот ещё беда! Кабы человек... а то — четыре года! Постой, а чей это дом?

— Дом лейтенанта Павлова. Того, что недавно убили на границе.

— «Спрашивал — не говорит», — огорчённо передразнил Гейку Тимур. Он нахмурился, подумал. — Ладно... Это я сам. Вы к этому делу не касайтесь.

— На горизонте показался Мишка Квакин! — громко доложил наблюдатель. — Идёт по той стороне улицы. Жрёт яблоко. Тимур! Выслать команду: пусть дадут ему тычка или взашеину!

— Не надо. Все оставайтесь на местах. Я вернусь скоро.

Он прыгнул из окна на лестницу и исчез в кустах. А наблюдатель сообщил снова:

— У калитки, в поле моего зрения, неизвестная девица, красивого вида, стоит с кувшином и покупает молоко. Это, наверно, хозяйка дачи.

— Это твоя сестра? — дёргая Женю за рукав, спросил Коля Колокольчиков. И, не получив ответа, он важно и обиженно предостерёг: — Ты смотри не вздумай ей отсюда крикнуть.

— Сиди! — выдёргивая рукав, насмешливо ответила ему Женя. — Тоже ты мне начальник…

— Не лезь к ней, — поддразнил Гейка Колю, — а то она тебя поколотит.

— Меня? — Коля обиделся. — У неё что? Когти? А у меня — мускулатура. Вот… ручная, ножная!

— Она поколотит тебя вместе с ручною и ножною. Ребята, осторожно! Тимур подходит к Квакину.

Легко помахивая сорванной веткой, Тимур шёл Квакину наперерез. Заметив это, Квакин остановился. Плоское лицо его не показывало ни удивления, ни испуга.

— Здорово, комиссар! — склонив голову набок, негромко сказал он. — Куда так торопишься?

— Здорово, атаман! — в тон ему ответил Тимур. — К тебе навстречу.

— Рад гостю, да угощать нечем. Разве вот это? — Он сунул руку за пазуху и протянул Тимуру яблоко.

— Ворованные? — спросил Тимур, надкусывая яблоко.

— Они самые, — объяснил Квакин. — Сорт «золотой налив». Да вот беда: нет ещё настоящей спелости.

— Кислятина! — бросая яблоко, сказал Тимур. — Послушай: ты на заборе дома номер тридцать четыре вот такой знак

видел? — И Тимур показал на звезду, вышитую на его синей безрукавке.

— Ну, видел, — насторожился Квакин. — Я, брат, и днём и ночью всё вижу.

— Так вот: если ты днём или ночью ещё раз такой знак где-либо увидишь, ты беги прочь от этого места, как будто бы тебя кипятком ошпарили.

— Ой, комиссар! Какой ты горячий! — растягивая слова, сказал Квакин. — Хватит, поговорили!

— Ой, атаман, какой ты упрямый! — не повышая голоса, ответил Тимур. — А теперь запомни сам и передай всей шайке, что этот разговор у нас с вами последний.

Никто со стороны и не подумал бы, что это разговаривают враги, а не два тёплых друга. И поэтому Ольга, державшая в руках кувшин, спросила молочницу, кто этот мальчишка, который совещается о чём-то с хулиганом Квакиным.

— Не знаю, — с сердцем ответила молочница. — Наверное, такой же хулиган и безобразник. Он что-то всё возле вашего дома околачивается. Ты смотри, дорогая, как бы они твою сестрёнку не отколошматили.

Беспокойство охватило Ольгу. С ненавистью взглянула она на обоих мальчишек, прошла на террасу, поставила кувшин, заперла дверь и вышла на улицу разыскивать Женю, которая вот уже два часа как не показывала глаз домой.

Вернувшись на чердак, Тимур рассказал о своей встрече ребятам. Было решено завтра отправить всей шайке письменный ультиматум.

Бесшумно соскакивали ребята с чердака и через дыры в заборах, а то и прямо через заборы разбегались по домам в разные стороны.

Тимур подошёл к Жене.

— Ну что? — спросил он. — Теперь тебе всё понятно?

— Всё, — ответила Женя, — только ещё не очень. Ты объясни мне проще.

— А тогда спускайся вниз и иди за мной. Твоей сестры всё равно сейчас нет дома.

Когда они слезли с чердака, Тимур повалил лестницу.

Уже стемнело, но Женя доверчиво пошла за ним следом.

Они остановились у домика, где жила старуха молочница. Тимур оглянулся. Людей вблизи не было. Он вынул из кармана свинцовый тюбик с масляной краской и подошёл к воротам, где была нарисована звезда, верхний левый луч которой действительно изгибался, как пиявка.

Он уверенно обровнял лучи, заострил и выпрямил.

— Скажи, зачем? — спросила его Женя. — Ты объясни мне проще: что всё это значит?

Тимур сунул тюбик в карман. Сорвал лист лопуха, вытер закрашенный палец и, глядя Жене в лицо, сказал:

— А это значит, что из этого дома человек ушёл в Красную Армию. И с этого времени этот дом находится под нашей охраной и защитой. У тебя отец в армии?

— Да! — с волнением и гордостью ответила Женя. — Он командир.

— Значит, и ты находишься под нашей охраной и защитой тоже.

Они остановились перед воротами другой дачи. И здесь на заборе была начерчена звезда. Но прямые светлые лучи её были обведены широкой чёрной каймой.

— Вот! — сказал Тимур. — И из этого дома человек ушёл в Красную Армию. Но его уже нет. Это дача лейтенанта Павлова, которого недавно убили на границе. Тут живёт его жена и та маленькая девочка, у которой добрый Гейка так и не добился, отчего она часто плачет. И если тебе случится, то сделай ей, Женя, что-нибудь хорошее.

Он сказал всё это очень просто, но мурашки пробежали по груди и по рукам Жени, а вечер был тёплый и даже душный.

Она молчала, наклонив голову. И только для того, чтобы хоть что-нибудь сказать, она спросила:

— А разве Гейка добрый?

— Да, — ответил Тимур. — Он сын моряка, матроса. Он часто бранит малыша и хвастунишку Колокольчикова, но сам везде и всегда за него заступается.

Окрик резкий и даже гневный заставил их обернуться. Неподалёку стояла Ольга.

Женя дотронулась до руки Тимура: она хотела подвести его и познакомить с ним Ольгу.

Но новый окрик, строгий и холодный, заставил её от этого отказаться.

Виновато кивнув Тимуру головой и недоуменно пожав плечами, она пошла к Ольге.

— Евгения! — тяжело дыша, со слезами в голосе сказала Ольга. — Я запрещаю тебе разговаривать с этим мальчишкой. Тебе понятно?

— Но, Оля, — пробормотала Женя, — что с тобою?

— Я запрещаю тебе подходить к этому мальчишке, — твёрдо повторила Ольга. — Тебе тринадцать, мне восемнадцать. Я твоя сестра... Я старше. И, когда папа уезжал, он мне велел...

— Но, Оля, ты ничего, ничего не понимаешь! — с отчаянием воскликнула Женя. Она вздрагивала. Она хотела объяснить, оправдаться. Но она не могла. Она была не вправе.

И, махнув рукой, она не сказала сестре больше ни слова.

Сразу же она легла в постель. Но уснуть не могла долго. А когда уснула, то так и не слыхала, как ночью постучали в окно и подали от отца телеграмму.

Рассвело. Пропел деревянный рог пастуха. Старуха молочница открыла калитку и погнала корову к стаду. Не успела она завернуть за угол, как из-за куста акации, стараясь не греметь пустыми вёдрами, выскочило пятеро мальчуганов, и они бросились к колодцу.

— Качай!

— Давай!

— Бери!

— Хватай!

Обливая холодной водой босые ноги, мальчишки мчались во двор, опрокидывали вёдра в дубовую кадку и, не задерживаясь, неслись обратно к колодцу.

К взмокшему Симе Симакову, который без передышки ворочал рычагом колодезного насоса, подбежал Тимур и спросил:

— Вы Колокольчикова здесь не видали? Нет? Значит, он проспал. Скорей, торопитесь! Старуха пойдёт сейчас обратно.

Очутившись в саду перед дачей Колокольчиковых, Тимур стал под деревом и свистнул. Не дождавшись ответа, он полез на дерево и заглянул в комнату. С дерева ему была видна только половина придвинутой к подоконнику кровати да завёрнутые в одеяло ноги.

Тимур кинул на кровать кусочек коры и тихонько позвал:

— Коля, вставай! Колька!

Спящий не пошевельнулся. Тогда Тимур вынул нож, срезал длинный прут, заострил на конце сучок, перекинул прут через подоконник и, зацепив сучком одеяло, потащил его на себя.

Лёгкое одеяло поползло через подоконник. В комнате раздался хрипловатый изумлённый вопль.

Вытаращив заспанные глаза, с кровати соскочил седой джентльмен в нижнем белье и, хватая рукой уползающее одеяло, подбежал к окну.

Очутившись лицом к лицу с почтенным стариком, Тимур разом слетел с дерева.

А седой джентльмен, бросив на постель отвоёванное одеяло, сдёрнул со стены двустволку, поспешно надел очки и, выставив ружьё из окна дулом к небу, зажмурил глаза и выстрелил.

...Только у колодца перепуганный Тимур остановился. Вышла ошибка. Он принял спящего джентльмена за Колю, а седой джентльмен, конечно, принял его за жулика.

Тут Тимур увидел, что старуха молочница с коромыслом и вёдрами выходит из калитки за водой. Он юркнул за акацию и стал наблюдать.

Вернувшись от колодца, старуха подняла ведро, опрокинула его в бочку и сразу отскочила, потому что вода с шумом и брызгами выплеснулась из уже наполненной до краёв бочки прямо ей под ноги.

Охая, недоумевая и оглядываясь, старуха обошла бочку. Она опустила руку в воду и поднесла её к носу. Потом побежала к крыльцу проверить, цел ли замок у двери. И наконец, не зная, что и думать, она стала стучать в окно соседке.

Тимур засмеялся и вышел из своей засады. Надо было спешить. Уже поднималось солнце, Коля Колокольчиков не явился, и провода всё ещё исправлены не были.

Пробираясь к сараю, Тимур заглянул в распахнутое, выходившее в сад окно.

У стола возле кровати в трусах и майке сидела Женя и, нетерпеливо откидывая сползавшие на лоб волосы, что-то писала.

Увидав Тимура, она не испугалась и даже не удивилась.

Она только погрозила ему пальцем, чтобы он не разбудил Ольгу, сунула недоконченное письмо в ящик и на цыпочках вышла из комнаты.

Здесь, узнав от Тимура, какая с ним сегодня случилась беда, она позабыла все Ольгины наставления и охотно вызвалась помочь ему наладить ею же самой оборванные провода.

Когда работа была закончена и Тимур уже стоял по ту сторону изгороди, Женя ему сказала:

— Не знаю за что, но моя сестра тебя очень ненавидит.

— Ну вот, — огорчённо ответил Тимур, — и мой дядя тебя тоже!

Он хотел уйти, но она его остановила:

— Постой, причешись. Ты сегодня очень лохматый.

Она вынула гребёнку, протянула её Тимуру, и тотчас же позади, из окна, раздался негодующий окрик Ольги:

— Женя! Что ты делаешь?..

Сёстры стояли на террасе.

— Я тебе знакомых не выбираю, — с отчаянием защищалась Женя. — Каких? Очень простых. В белых костюмах. «Ах, как ваша сестра прекрасно играет!» Прекрасно! Вы бы лучше послушали, как она прекрасно ругается. Вот смотри! Я уже обо всём пишу папе.

— Евгения! Этот мальчишка — хулиган, а ты глупа, — холодно выговаривала, стараясь казаться спокойной, Ольга. — Хочешь, пиши папе, пожалуйста, но если я хоть ещё раз увижу тебя с этим мальчишкой рядом, то в тот же день я брошу дачу, и мы уедем отсюда в Москву. А ты знаешь, что у меня слово бывает твёрдое.

— Да... мучительница! — со слезами ответила Женя. — Это-то я знаю.

— А теперь возьми и читай. — Ольга положила на стол полученную ночью телеграмму и вышла.

В телеграмме было написано:

«На днях проездом несколько часов буду Москве число часы телеграфирую дополнительно тчк Папа».

Женя вытерла слёзы, приложила телеграмму к губам и тихо пробормотала:

— Папа, приезжай скорей! Папа! Мне, твоей Женьке, очень трудно.

Во двор того дома, откуда пропала коза и где жила бабка, которая поколотила бойкую девчонку Нюрку, привезли два воза дров.

Ругая беспечных возчиков, которые свалили дрова как попало, кряхтя и охая, бабка начала укладывать поленницу. Но эта работа была ей не под силу. Откашливаясь, она села на ступеньку, отдышалась, взяла лейку и пошла в огород. Во дворе остался теперь только трёхлетний братишка Нюрки — человек, как видно, энергичный и трудолюбивый, потому что едва бабка скрылась, как он поднял палку и начал колотить ею по скамье и по перевёрнутому кверху дном корыту.

Тогда Сима Симаков, только что охотившийся за беглой козой, которая скакала по кустам и оврагам не хуже индийского тигра, одного человека из своей команды оставил на опушке, а с другими вихрем ворвался во двор.

Он сунул малышу в рот горсть земляники, всучил ему в руки блестящее перо из крыла галки, и вся четвёрка рванулась укладывать дрова в поленницу.

Сам Сима Симаков понёсся кругом вдоль забора, чтобы задержать на это время бабку в огороде. Остановившись у забора, возле того места, где к нему вплотную примыкали вишни и яблони, Сима заглянул в щёлку.

Бабка набрала в подол огурцов и собиралась идти во двор.

Сима Симаков тихонько постучал по доскам забора.

Бабка насторожилась. Тогда Сима поднял палку и начал ею шевелить ветви яблони.

Бабке тотчас же показалось, что кто-то тихонько лезет через забор за яблоками. Она высыпала огурцы на межу, выдернула большой пук крапивы, подкралась и притаилась у забора.

Сима Симаков опять заглянул в щель, но бабки теперь он не увидел. Обеспокоенный, он подпрыгнул, схватился за край забора и осторожно стал подтягиваться.

Но в то же время бабка с торжествующим криком выскочила из своей засады и ловко стегнула Симу Симакова по рукам крапивой.

Размахивая обожжёнными руками, Сима помчался к воротам, откуда уже выбегала закончившая свою работу четвёрка.

Во дворе опять остался только один малыш. Он поднял с земли щепку, положил её на край поленницы, потом поволок туда же кусок бересты.

За этим занятием и застала его вернувшаяся из огорода бабка. Вытаращив глаза, она остановилась перед аккуратно сложенной поленницей и спросила:

— Это кто же тут без меня работает?

Малыш, укладывая бересту в поленницу, важно ответил:

— А ты, бабушка, не видишь — это я работаю.

Во двор вошла молочница, и обе старухи оживлённо начали обсуждать эти странные происшествия с водой и дровами. Пробовали они добиться ответа у малыша, однако добились немногого. Он объяснил им, что прискочили из ворот люди, сунули ему в рот сладкой земляники, дали перо и ещё пообещали поймать ему зайца с двумя ушами и с четырьмя ногами. А потом дрова покидали и опять ускочили.

В калитку вошла Нюрка.

— Нюрка, — спросила её бабка, — ты не видала, кто к нам сейчас во двор заскакивал?

— Я козу искала, — уныло ответила Нюрка. — Я всё утро по лесу да по оврагам сама скакала.

— Украли! — горестно пожаловалась бабка молочнице. — А какая была коза! Ну, голубь, а не коза. Голубь!

— Голубь, — отодвигаясь от бабки, огрызнулась Нюрка. — Как почнёт шнырять рогами, так не знаешь, куда и деваться. У голубей рогов не бывает.

— Молчи, Нюрка! Молчи, разиня бестолковая! — закричала бабка. — Оно, конечно, коза была с характером. И я её, козушку, продать хотела. А теперь вот моей голубушки и нету.

Калитка со скрипом распахнулась. Низко опустив рога, во двор вбежала коза и устремилась прямо на молочницу.

Подхватив тяжёлый бидон, молочница с визгом вскочила на крыльцо, а коза, ударившись рогами о стену, остановилась.

И тут все увидали, что к рогам козы крепко прикручен фанерный плакат, на котором крупно было выведено:

Я коза-коза,
Всех людей гроза.
Кто Нюрку будет бить,
Тому худо будет жить.

А на углу за забором хохотали довольные ребятишки.

Воткнув в землю палку, притопывая вокруг неё, приплясывая, Сима Симаков гордо пропел:

Мы не шайка и не банда,
Не ватага удальцов,
Мы весёлая команда
Пионеров-молодцов.
У-ух, ты!

И, как стайка стрижей, ребята стремительно и бесшумно умчались прочь.

Работы на сегодня было ещё немало, но главное — сейчас надо было составить и отослать Мишке Квакину ультиматум.

Как составляются ультиматумы, этого ещё никто не знал, и Тимур спросил об этом у дяди.

Тот объяснил ему, что каждая страна пишет ультиматум на свой манер, но в конце для вежливости полагается приписывать:

«Примите, господин министр, уверение в совершеннейшем к Вам почтении».

Затем ультиматум через аккредитованного посла вручается правителю враждебной державы.

Но это дело ни Тимуру, ни его команде не понравилось. Во-первых, никакого почтения хулигану Квакину они передавать не хотели; во-вторых, ни постоянного посла, ни даже посланника при этой шайке у них не было.

И, посовещавшись, они решили отправить ультиматум попроще, на манер того послания запорожцев к турецкому султану, которое каждый видел на картине, когда читал о том, как смелые казаки боролись с турками, татарами и ляхами.

За серыми воротами с чёрно-красной звездой, в тенистом саду того дома, что стоял напротив дачи, где жили Ольга и Женя, по песчаной аллейке шла маленькая белокурая девчушка. Её мать, женщина молодая, красивая, но с лицом печальным и утомлённым, сидела в качалке возле окна, на котором стоял пышный букет полевых цветов.

Перед ней лежала груда распечатанных телеграмм и писем — от родных и от друзей, знакомых и незнакомых.

Письма и телеграммы эти были тёплые и ласковые.

Они звучали издалека, как лесное эхо, которое никуда путника не зовёт, ничего не обещает и всё же подбадривает и подсказывает ему, что люди близко и в тёмном лесу он не одинок.

Держа куклу кверху ногами, так, что деревянные руки и пеньковые косы её волочились по песку, белокурая девочка остановилась перед забором. По забору спускался раскрашенный, вырезанный из фанеры заяц. Он дёргал лапой, тренькая по струнам нарисованной балалайки, и мордочка у него была грустновато-смешная.

Восхищённая таким необъяснимым чудом, равного которому, конечно, и нет на свете, девочка выронила куклу, подошла к забору, и добрый заяц послушно опустился ей прямо в руки. А вслед за зайцем выглянуло лукавое и довольное лицо Жени.

Девочка посмотрела на Женю и спросила:

— Это ты со мной играешь?

— Да, с тобой. Хочешь, я к тебе спрыгну?

— Здесь крапива, — подумав, предупредила девочка. — И здесь я вчера обожгла себе руку.

— Ничего, — спрыгивая с забора, сказала Женя, — я не боюсь. Покажи, какая тебя вчера обожгла крапива? Вот эта? Ну, смотри: я её вырвала, бросила, растоптала ногами и на неё плюнула. Давай с тобой играть: ты держи зайца, а я возьму куклу.

Ольга видела с крыльца террасы, как Женя вертелась около чужого забора, но она не хотела мешать сестрёнке, потому что та и так сегодня утром много плакала. Но когда Женя полезла на забор и спрыгнула в чужой сад, обеспокоенная Ольга вышла из дома, подошла к воротам и открыла калитку.

Женя и девчурка стояли уже у окна, возле женщины, и та улыбалась, когда дочка показывала ей, как грустный смешной заяц играет на балалайке.

По встревоженному лицу Жени женщина угадала, что вошедшая в сад Ольга недовольна.

— Вы на неё не сердитесь, — негромко сказала Ольге женщина. — Она просто играет с моей девчуркой. У нас горе... — Женщина помолчала. — Я плачу, а она, — женщина показала на свою крохотную дочку и тихо добавила: — а она и не знает, что её отца недавно убили на границе.

Теперь смутилась Ольга, а Женя издалека посмотрела на неё горько и укоризненно.

— А я одна, — продолжала женщина. — Мать у меня в горах, в тайге, очень далеко, братья в армии, сестёр нет.

Она тронула за плечо подошедшую Женю и, указывая на окно, спросила:

— Девочка, этот букет ночью не ты мне на крыльцо положила?

— Нет, — быстро ответила Женя. — Это не я. Но это, наверное, кто-нибудь из наших.

— Кто? — И Ольга непонимающе взглянула на Женю.

— Я не знаю, — испугавшись, заговорила Женя, — это не я. Я ничего не знаю. Смотрите, сюда идут люди.

За воротами послышался шум машины, а по дорожке от калитки шли два лётчика-командира.

— Это ко мне, — сказала женщина. — Они, конечно, опять будут предлагать мне уехать в Крым, на Кавказ, на курорт, в санаторий...

Оба командира подошли, приложили руки к пилоткам, и, очевидно, расслышав её последние слова, старший — капитан — сказал:

— Ни в Крым, ни на Кавказ, ни на курорт, ни в санаторий. Вы хотели повидать вашу маму? Ваша мать сегодня поездом выезжает к вам из Иркутска. До Иркутска она была доставлена на специальном самолёте.

— Кем? — радостно и растерянно воскликнула женщина. — Вами?

— Нет, — ответил лётчик-капитан, — нашими и вашими товарищами.

Подбежала маленькая девчурка, смело посмотрела на пришедших, и видно, что синяя форма эта ей была хорошо знакома.

— Мама, — попросила она, — сделай мне качели, и я буду летать туда-сюда, туда-сюда. Далеко-далеко, как папа.

— Ой, не надо! — подхватывая и сжимая дочурку, воскликнула её мать. — Нет, не улетай так далеко... как твой папа.

На Малой Овражной, позади часовни с облупленной росписью, изображавшей суровых волосатых старцев и чисто выбритых ангелов, правей картины страшного суда с котлами, смолой и юркими чертями, на ромашковой поляне ребята из компании Мишки Квакина играли в карты.

Денег у игроков не было, и они резались «на тычка», «на щелчка» и на «оживи покойника». Проигравшему завязывали глаза, клали его спиной на траву и давали ему в руки свечку, то есть длинную палку. И этой палкой он должен был вслепую отбиваться от добрых собратий своих, которые, жалея усопшего, старались вернуть его к жизни, усердно настёгивая крапивой по голым коленям, икрам и пяткам.

Игра была в самом разгаре, когда за оградой раздался резкий звук сигнальной трубы.

Это снаружи у стены стояли посланцы от команды Тимура.

Штаб-трубач Коля Колокольчиков сжимал в руке медный блестящий горн, а босоногий суровый Гейка держал склеенный из обёрточной бумаги пакет.

— Это что же тут за цирк или комедия? — перегибаясь через ограду, спросил паренёк, которого звали Фигурой. — Мишка! — оборачиваясь, заорал он. — Брось карты, тут к тебе какая-то церемония пришла!

— Я тут, — залезая на ограду, отозвался Квакин. — Эге, Гейка, здорово! А это ещё что с тобой за хлюпик?

— Возьми пакет, — протягивая ультиматум, сказал Гейка. — Сроку на размышление вам двадцать четыре часа дадено. За ответом приду завтра в такое же время.

Обиженный тем, что его назвали хлюпиком, штаб-трубач Коля Колокольчиков вскинул горн и, раздувая щёки, яростно протрубил отбой. И, не сказав больше ни слова, под любопытными взглядами рассыпавшихся по ограде мальчишек оба парламентёра с достоинством удалились.

— Это что же такое? — переворачивая пакет и оглядывая разинувших рты ребят, спросил Квакин. — Жили-жили, ни о чём не тужили... Вдруг... труба, гроза! Я, братцы, право, ничего не понимаю!..

Он разорвал пакет, и, не слезая с ограды, стал читать:

— «Атаману шайки по очистке чужих садов Михаилу Квакину...» Это мне, — громко объяснил Квакин. — С полным титулом, по всей форме. «...и его, — продолжал он читать, — гнуснопрославленному помощнику Петру Пятакову, иначе именуемому просто Фигурой...» Это тебе, — с удовлетворением объяснил Квакин Фигуре. — Эк они завернули: «гнуснопрославленный»! Это уж что-то очень по-благородному, могли бы дурака назвать и попроще. «...а также ко всем членам этой позорной компании ультиматум». Это что такое, я не знаю, — насмешливо объявил Квакин. — Вероятно, ругательство или что-нибудь в этом смысле.

— Это такое международное слово. Бить будут, — объяснил стоявший рядом с Фигурой бритоголовый мальчуган Алёшка.

— А, так бы и писали! — сказал Квакин. — Читаю дальше. Пункт первый: «Ввиду того, что вы по ночам совершаете налёты на сады мирных жителей, не щадя и тех домов, на которых стоит наш знак — красная звезда, и даже тех, на которых стоит звезда с траурной чёрной каймою, вам, трусливым негодяям, мы приказываем...» Ты посмотри, как, собаки, ругаются! — смутившись, но пытаясь улыбнуться, продолжал Квакин. — А какой дальше слог, какие запятые! Да! «...приказываем: не позже чем завтра утром Михаилу Квакину и гнусноподобной личности Фигуре явиться на место, которое им гонцами будет указано, имея на руках список всех членов вашей позорной шайки. А в случае отказа мы оставляем за собой полную свободу действий». То есть в каком смысле свободу? — опять переспросил Квакин. — Мы их, кажется, пока никуда не запирали.

— Это такое международное слово. Бить будут, — опять объяснил бритоголовый Алёшка.

— А, тогда так бы и говорили! — с досадой сказал Квакин. — Жаль, что ушёл Гейка; видно, он давно не плакал.

— Он не заплачет, — сказал бритоголовый, — у него брат — матрос.

— Ну?

— У него и отец был матросом. Он не заплачет.

— А тебе-то что?

— А то, что у меня дядя матрос тоже.

— Вот дурак — заладил! — рассердился Квакин. — То отец, то брат, то дядя. А что к чему — неизвестно. Отрасти, Алёша, волосы, а то тебе солнцем напекло затылок. А ты что там мычишь, Фигура?

— Гонцов надо завтра изловить, а Тимку и его компанию излупить, — коротко и угрюмо предложил обиженный ультиматумом Фигура.

На том и порешили.

Отойдя в тень часовни и остановившись вдвоём возле картины, где проворные мускулистые черти ловко волокли в пекло воющих и упирающихся грешников, Квакин спросил у Фигуры:

— Слушай, это ты в тот сад лазил, где живёт девчонка, у которой отца убили?

— Ну, я.

— Так вот... — с досадой пробормотал Квакин, тыкая пальцем в стену. — Мне, конечно, на Тимкины знаки наплевать, и Тимку я всегда бить буду...

— Хорошо, — согласился Фигура. — А что ты мне пальцем на чертей тычешь?

— А то, — скривив губы, ответил ему Квакин, — что ты мне хоть и друг, Фигура, но никак на человека не похож ты, а скорей вот на этого толстого и поганого чёрта.

...Утром молочница не застала дома троих постоянных покупателей. На базар было идти уже поздно, и, взвалив бидон на плечи, она отправилась по квартирам.

Она ходила долго без толку и наконец остановилась возле дачи, где жил Тимур.

За забором она услышала густой приятный голос: кто-то негромко пел. Значит, хозяева были дома и здесь можно было ожидать удачи.

Пройдя через калитку, старуха нараспев закричала:

— Молока не надо ли, молока?

— Две кружки! — раздался в ответ басистый голос.

Скинув с плеча бидон, молочница обернулась и увидела выходящего из кустов косматого, одетого в лохмотья хромоногого старика, который держал в руке кривую обнажённую саблю.

— Я, батюшка, говорю, молочка не надо ли? — оробев и попятившись, предложила молочница. — Экий ты, отец мой, с виду серьёзный! Ты что ж это, саблей траву косишь?

— Две кружки. Посуда на столе, — коротко ответил старик и воткнул саблю клинком в землю.

— Ты бы, батюшка, купил косу, — торопливо наливая молоко в кувшин и опасливо поглядывая на старика, говорила молочница. — А саблю лучше брось. Этакой саблей простого человека и до смерти напугать можно.

— Платить сколько? — засовывая руку в карман широченных штанов, спросил старик.

— Как у людей, — ответила ему молочница. — По рубль сорок — всего два восемьдесят. Лишнего мне не надо.

Старик пошарил и достал из кармана большой ободранный револьвер.

— Я, батюшка, потом... — подхватывая бидон и поспешно удаляясь, заговорила молочница. — Ты, дорогой мой, не трудись! — прибавляя ходу и не переставая оборачиваться, продолжала она. — Мне деньги не к спеху.

Она выскочила за калитку, захлопнула её и сердито с улицы закричала:

— В больнице тебя, старого чёрта, держать надо, а не пускать по воле. Да, да! На замке, в больнице.

Старик пожал плечами, сунул обратно в карман вынутую оттуда трёшницу и тотчас же спрятал револьвер за спину, потому что в сад вошёл пожилой джентльмен, доктор Ф.Г. Колокольчиков.

С лицом сосредоточенным и серьёзным, опираясь на палку, прямой, несколько деревянной походкой он шагал по песчаной аллее.

Увидав чудного старика, джентльмен кашлянул, поправил очки и спросил:

— Не скажешь ли ты, любезный, где мне найти владельца этой дачи?

— На этой даче живу я, — ответил старик.

— В таком случае, — прикладывая руку к соломенной шляпе, продолжал джентльмен, — вы мне скажите: не приходится ли вам некий мальчик, Тимур Гараев, родственником?

— Да, приходится, — ответил старик. — Этот некий мальчик — мой племянник.

— Мне очень прискорбно, — откашливаясь и недоуменно косясь на торчавшую в земле саблю, начал джентльмен, — но ваш племянник сделал вчера утром попытку ограбить наш дом.

— Что?! — изумился старик. — Мой Тимур хотел ваш дом ограбить?

— Да, представьте! — заглядывая старику за спину и начиная волноваться, продолжал джентльмен. — Он сделал попытку во время моего сна похитить укрывавшее меня байковое одеяло.

— Кто? Тимур вас ограбил? Похитил байковое одеяло? — растерялся старик. И спрятанная у него за спиной рука с револьвером невольно опустилась.

Волнение овладело почтенным джентльменом, и, с достоинством пятясь к выходу, он заговорил:

— Я, конечно, не утверждал бы, но факты... факты! Милостивый государь! Я вас прошу, вы ко мне не приближайтесь. Я, конечно, не знаю, чему приписать... Но ваш вид, ваше странное поведение...

— Послушайте, — шагая к джентльмену, произнёс старик, — но всё это, очевидно, недоразумение!

— Милостивый государь! — не спуская глаз с револьвера и не переставая пятиться, вскричал джентльмен. — Наш разговор принимает нежелательное и, я бы сказал, недостойное нашего возраста направление.

Он выскочил за калитку и быстро пошёл прочь, повторяя:

— Нет, нет, нежелательное и недостойное направление...

Старик подошёл к калитке как раз в ту минуту, когда шедшая купаться Ольга поравнялась с взволнованным джентльменом.

Тут вдруг старик замахал руками и закричал Ольге, чтобы она остановилась. Но джентльмен проворно, как козёл, перепрыгнул через канаву, схватил Ольгу за руку, и оба они мгновенно скрылись за углом.

Тогда старик расхохотался. Возбуждённый и обрадованный, бойко притопывая своей деревяшкой, он пропел:

А вы и не поймёте
На быстром самолёте,
Как вас ожидала я до утренней зари.
Да!

Он отстегнул ремень у колена, швырнул на траву деревянную ногу и, на ходу сдирая парик и бороду, помчался к дому.

Через десять минут молодой и весёлый инженер Георгий Гараев сбежал с крыльца, вывел мотоцикл из сарая, крикнул собаке Рите, чтобы она караулила дом, нажал стартёр и, вскочив в седло, помчался к реке разыскивать напуганную им Ольгу.

В одиннадцать часов Гейка и Коля Колокольчиков отправились за ответом на ультиматум.

— Ты иди ровно, — ворчал Гейка на Колю. — Ты шагай легко, твёрдо. А ты ходишь, как цыплёнок за червяком скачет. И всё у тебя, брат, хорошо — и штаны, и рубаха, и вся форма, а виду у тебя всё равно нет. Ты, брат, не обижайся, я тебе дело говорю. Ну, вот скажи: зачем ты идёшь и языком губы мусолишь? Ты запихай язык в рот, и пусть он там и лежит на своём месте... А ты зачем появился? — спросил Гейка, увидав выскочившего наперерез Симу Симакова.

— Меня Тимур послал для связи, — затараторил Симаков. — Так надо, и ты ничего не понимаешь. Вам своё, а у меня своё дело. Коля, дай-ка я дудану в трубу. Экий ты сегодня важный! Гейка,

дурак! Идёшь по делу — надел бы сапоги, ботинки. Разве послы босиком ходят? Ну ладно, вы туда, а я сюда. Гоп-гоп, до свиданья!

— Этакий балабон! — покачал головой Гейка. — Скажет сто слов, а можно бы четыре. Труби, Николай, вот и ограда.

— Подавай наверх Михаила Квакина! — приказал Гейка высунувшемуся сверху мальчишке.

— А заходите справа! — закричал из-за ограды Квакин. — Там для вас нарочно ворота открыты.

— Не ходи, — дёргая за руку Гейку, прошептал Коля. — Они нас поймают и поколотят.

— Это все на двоих-то? — надменно спросил Гейка. — Труби, Николай, громче. Нашей команде везде дорога.

Они прошли через ржавую железную калитку и очутились перед группой ребят, впереди которых стояли Фигура и Квакин.

— Ответ на письмо давайте, — твёрдо сказал Гейка.

Квакин улыбался, Фигура хмурился.

— Давай поговорим, — предложил Квакин. — Ну, сядь, посиди, куда торопишься?

— Ответ на письмо давайте, — холодно повторил Гейка. — А разговаривать с вами будем мы после.

И было странно, непонятно: играет ли он, шутит ли, этот прямой коренастый мальчишка в матросской тельняшке, возле которого стоит маленький, уже побледневший трубач? Или, прищурив строгие серые глаза свои, босоногий, широкоплечий, он и на самом деле требует ответа, чувствуя за собою и право и силу?

— На, возьми, — протягивая бумагу, сказал Квакин.

Гейка развернул лист. Там был грубо нарисован кукиш, под которым стояло ругательство.

Спокойно, не изменившись в лице, Гейка разорвал бумагу.

В ту же минуту он и Коля крепко были схвачены за плечи и за руки.

Они не сопротивлялись.

— За такие ультиматумы надо бы вам набить шею, — подходя к Гейке, сказал Квакин. — Но… мы люди добрые. До ночи мы запрём вас вот сюда, — он показал на часовню, — а ночью мы обчистим сад под номером двадцать четыре наголо.

— Этого не будет, — ровно ответил Гейка.

— Нет, будет! — крикнул Фигура и ударил Гейку по щеке.

— Бей хоть сто раз, — зажмурившись и вновь открывая глаза, сказал Гейка. — Коля, — подбадривающе буркнул он, — ты не робей. Чую я, что будет сегодня у нас позывной сигнал по форме номер один общий.

Пленников втолкнули внутрь маленькой часовни с наглухо закрытыми железными ставнями. Обе двери за ними закрыли, задвинули засов и забили его деревянным клином.

— Ну что? — подходя к двери и прикладывая ко рту ладонь, закричал Фигура. — Как оно теперь: по-нашему или по-вашему выйдет?

И из-за двери глухо, едва слышно донеслось:

— Нет, бродяги, теперь по-вашему уже никогда и ничего не выйдет.

Фигура плюнул.

— У него брат — матрос, — хмуро объяснил бритоголовый Алёшка. — Они с моим дядей на одном корабле служат.

— Ну, — угрожающе спросил Фигура, — а ты кто — капитан, что ли?

— У него руки схвачены, а ты его бьёшь. Это хорошо ли?

— На и тебе тоже! — обозлился Фигура и ударил Алёшку наотмашь.

Тут оба мальчишки покатились на траву. Их тянули за руки, за ноги, разнимали…

И никто не посмотрел наверх, где в густой листве липы, что росла близ ограды, мелькнуло лицо Симы Симакова.

Винтом соскользнул он на землю. И напрямик, через чужие огороды, помчался к Тимуру, к своим на речку.

Прикрыв голову полотенцем, Ольга лежала на горячем песке пляжа и читала.

Женя купалась. Неожиданно кто-то обнял её за плечи.

Она обернулась.

— Здравствуй, — сказала ей высокая темноглазая девочка. — Я приплыла от Тимура. Меня зовут Таней, и я тоже из его команды. Он жалеет, что тебе из-за него от сестры попало. У тебя сестра, наверное, очень злая?

— Пусть он не жалеет, — покраснев, пробормотала Женя. — Ольга совсем не злая, у неё такой характер. — И, всплеснув руками, Женя с отчаянием добавила: — Ну, сестра! сестра! и сестра! Вот погодите, приедет папа…

Они вышли из воды и забрались на крутой берег, левей песчаного пляжа. Здесь они наткнулись на Нюрку.

— Девочка, ты меня узнала? — как всегда быстро и сквозь зубы, спросила она у Жени. — Да! Я тебя узнала сразу. А вон Тимур! — сбросив платье, показала она на усыпанный ребятами противоположный берег. — Я знаю, кто мне поймал козу, кто нам уложил дрова и кто дал моему братишке землянику. И тебя я тоже знаю, — обернулась она к Тане. — Ты один раз сидела на грядке и плакала. А ты не плачь. Что толку?.. Гей! Сиди, чертовка, или я тебя сброшу в реку! — закричала она на привязанную к кустам козу. — Девочки, давайте в воду прыгнем!

Женя и Таня переглянулись. Очень уж она была смешная, эта маленькая, загорелая, похожая на цыганку Нюрка.

Взявшись за руки, они подошли к самому краю обрыва, под которым плескалась ясная голубая вода.

— Ну, прыгнули?

— Прыгнули!

И они разом бросились в воду.

Но не успели девчонки вынырнуть, как вслед за ними бултыхнулся кто-то четвёртый.

Это, как он был — в сандалиях, трусах и майке, — Сима Симаков с разбегу кинулся в реку. И, отряхивая слипшиеся волосы, отплёвываясь и отфыркиваясь, длинными саженками он поплыл на другой берег.

— Беда, Женя! Беда! — прокричал он обернувшись. — Гейка и Коля попали в засаду!

Читая книгу, Ольга поднималась в гору. И там, где крутая тропка пересекала дорогу, её встретил стоявший возле мотоцикла Георгий. Они поздоровались.

— Я ехал, — объяснил ей Георгий, — смотрю, вы идёте. Дай, думаю, подожду и подвезу, если по дороге.

— Неправда! — не поверила Ольга. — Вы стояли и ожидали меня нарочно.

— Ну, верно, — согласился Георгий. — Хотел соврать, да не вышло. Я должен перед вами извиниться за то, что напугал вас утром. А знаете, ведь хромой старик у калитки — это был я. Это я в гриме готовился к репетиции. Садитесь, я подвезу вас на машине.

Ольга отрицательно качнула головой.

Он положил ей букет на книгу.

Букет был хорош. Ольга покраснела, растерялась и... бросила его на дорогу.

Этого Георгий не ожидал.

— Послушайте! — огорчённо сказал он. — Вы хорошо играете, поёте, глаза у вас прямые, светлые. Я вас ничем не обидел. Но мне думается, что так, как вы, не поступают люди... даже самой железобетонной специальности.

— Цветов не надо! — сама испугавшись своего поступка, виновато ответила Ольга. — Я... и так, без цветов, с вами поеду.

Она села на кожаную подушку, и мотоцикл полетел вдоль дороги.

Дорога раздваивалась, но, минуя ту, что сворачивала к посёлку, мотоцикл вырвался в поле.

— Вы не туда повернули, — крикнула Ольга, — нам надо направо!

— Здесь дорога лучше, — отвечал Георгий, — здесь дорога весёлая.

Опять поворот, и они промчались через шумливую тенистую рощу. Выскочила из стада и затявкала, пытаясь догнать их, собака. Но нет! Куда там! Далеко.

Как тяжёлый снаряд, прогудела встречная грузовая машина. И когда Георгий и Ольга вырвались из поднятых клубов пыли, то под горой увидали дым, трубы, башни, стекло и железо какого-то незнакомого города.

— Это наш завод! — прокричал Ольге Георгий. — Три года тому назад я сюда ездил собирать грибы и землянику.

Почти не уменьшая хода, машина круто развернулась.

— Прямо! — предостерегающе кричала Ольга. — Давайте только прямо домой.

Вдруг мотор заглох, и они остановились.

— Подождите, — соскакивая, сказал Георгий, — маленькая авария.

Он положил машину на траву под берёзой, достал из сумки ключ и принялся что-то подвёртывать и подтягивать.

— Вы кого в вашей опере играете? — присаживаясь на траву, спросила Ольга. — Почему у вас грим такой суровый и страшный?

— Я играю старика инвалида, — не переставая возиться у мотоцикла, ответил Георгий. — Он бывший партизан, и он немного… не в себе. Он живёт близ границы, и ему всё кажется, что враги нас перехитрят и обманут. Он стар, но он осторожен. Красноармейцы же молодые — смеются, после караула в волейбол играют. Девчонки там у них разные… Катюши!

Георгий нахмурился и тихо запел:

За тучами опять померкнула луна.
Я третью ночь не сплю в глухом дозоре.
Ползут в тиши враги. Не спи, моя страна!
Я стар. Я слаб. О, горе мне… о, горе!

Тут Георгий переменил голос и, подражая хору, пропел:

Старик, спокойно… спокойно!

— Что значит «спокойно»? — утирая платком запылённые губы, спросила Ольга.

— А это значит, — продолжая стучать ключом по втулке, объяснял Георгий, — это значит, что: спи спокойно, старый дурак, давно уже все бойцы и командиры стоят на своём месте… Оля, ваша сестрёнка о моей с ней встрече вам говорила?

— Говорила, я её выругала.

— Напрасно. Очень забавная девочка. Я ей говорю «а», она мне «бэ»!

— С этой забавной девочкой хлебнёшь горя, — снова повторила Ольга. — К ней привязался какой-то мальчишка, зовут Тимур. Он из компании хулигана Квакина. И никак я его от нашего дома не могу отвадить.

— Тимур!.. Гм... — Георгий смущённо кашлянул. — Разве он из компании? Он, кажется, не того... не очень... Ну ладно! Вы не беспокойтесь... Я его от вашего дома отважу... Оля, почему вы не учитесь в консерватории? Подумаешь — инженер! Я и сам инженер, а что толку?

— Разве вы плохой инженер?

— Зачем плохой? — подвигаясь к Ольге и начиная теперь стучать по втулке переднего колеса, ответил Георгий. — Совсем не плохой, но вы очень хорошо играете и поёте.

— Послушайте, Георгий, — смущённо отодвигаясь, сказала Ольга. — Я не знаю, какой вы инженер, но... чините вы машину как-то очень странно.

И Ольга помахала рукой, показывая, как он постукивает ключом то по втулке, то по ободу.

— Ничего не странно. Всё делается так, как надо. — Он вскочил и стукнул ключом по раме. — Ну, вот и готово! Оля, ваш отец — командир?

— Да.

— Это хорошо. Я и сам командир тоже.

— Кто вас разберёт! — пожала плечами Ольга. — То вы инженер, то вы актёр, то командир. Может быть, к тому же вы ещё и лётчик?

— Нет, — усмехнулся Георгий. — Лётчики глушат бомбами по головам сверху, а мы с земли через железо и бетон бьём прямо в сердце.

И опять перед ними замелькали рожь, поля, рощи, речка. Наконец вот и дача.

На треск мотоцикла с террасы выскочила Женя. Увидав Георгия, она смутилась, но когда он умчался, то, глядя ему вслед, Женя подошла к Ольге, обняла её и с завистью сказала:

— Ох, какая ты сегодня счастливая!

Условившись встретиться неподалёку от сада дома № 24, мальчишки из-за ограды разбежались.

Задержался только один Фигура. Его злило и удивляло молчание внутри часовни. Пленники не кричали, не стучали и на вопросы и окрики Фигуры не отзывались.

Тогда Фигура пустился на хитрость. Открыв наружную дверь, он вошёл в каменный простенок и замер, как будто бы его здесь не было.

И так, приложив к замку ухо, он стоял до тех пор, пока наружная железная дверь не захлопнулась с таким грохотом, как будто бы по ней ударили бревном.

— Эй, кто там? — бросаясь к двери, рассердился Фигура. — Эй, не балуй, а то дам по шее!

Но ему не отвечали. Снаружи послышались чужие голоса. Заскрипели петли ставен. Кто-то через решётку окна переговаривался с пленниками.

Затем внутри часовни раздался смех. И от этого смеха Фигуре стало плохо.

Наконец наружная дверь распахнулась. Перед Фигурой стояли Тимур, Симаков и Ладыгин.

— Открой второй засов! — не двигаясь, приказал Тимур. — Открой сам, или будет хуже!

Нехотя Фигура отодвинул засов. Из часовни вышли Коля и Гейка.

— Лезь на их место! — приказал Тимур. — Лезь, гадина, быстро! — сжимая кулаки, крикнул он. — Мне с тобой разговаривать некогда!

Захлопнули за Фигурой обе двери. Наложили на петлю тяжёлую перекладину и повесили замок. Потом Тимур взял лист бумаги и синим карандашом коряво написал:

«Квакин, караулить не надо. Я их запер, ключ у меня. Я приду прямо на место, к саду, вечером».

Затем все скрылись. Через пять минут за ограду зашёл Квакин.

Он прочёл записку, потрогал замок, ухмыльнулся и пошёл к калитке, в то время как запертый Фигура отчаянно колотил кулаками и пятками по железной двери.

От калитки Квакин обернулся и равнодушно пробормотал:

— Стучи, Гейка, стучи! Нет, брат, ты ещё до вечера настучишься.

Дальше события развёртывались так.

Перед заходом солнца Тимур и Симаков сбегали на рыночную площадь. Там, где в беспорядке выстроились ларьки — квас, воды, овощи, табак, бакалея, мороженое, — у самого края торчала неуклюжая пустая будка, в которой по базарным дням работали сапожники. В будке этой Тимур и Симаков пробыли недолго.

В сумерки на чердаке сарая заработало штурвальное колесо. Один за одним натягивались крепкие верёвочные провода, передавая туда, куда надо, и те, что надо, сигналы.

Подходили подкрепления. Собрались мальчишки, их было уже много — двадцать-тридцать. А через дыры заборов тихо и бесшумно проскальзывали всё новые и новые люди.

Таню и Нюрку отослали обратно. Женя сидела дома. Она должна была задерживать и не пускать в сад Ольгу.

На чердаке у колеса стоял Тимур.

— Повтори сигнал по шестому проводу, — озабоченно попросил просунувшийся в окно Симаков. — Там что-то не отвечают.

Двое мальчуганов чертили по фанере какой-то плакат. Подошло звено Ладыгина.

Наконец пришли разведчики. Шайка Квакина собиралась на пустыре близ сада дома № 24.

— Пора, — сказал Тимур. — Всем приготовиться!

Он выпустил из рук колесо, взялся за верёвку. И над старым сараем под неровным светом бегущей меж облаков луны медленно поднялся и заколыхался флаг команды — сигнал к бою.

Вдоль забора дома № 24 продвигалась цепочка из десятка мальчишек. Остановившись в тени, Квакин сказал:

— Все на месте, а Фигуры нет.

— Он хитрый, — ответил кто-то. — Он, наверное, уже в саду. Он всегда вперёд лезет.

Квакин отодвинул две заранее снятые с гвоздей доски и пролез через дыру. За ним полезли и остальные. На улице у дыры остался один часовой — Алёшка.

Из поросшей крапивой и бурьяном канавы по другой стороне улицы выглянуло пять голов. Четыре из них сразу же спрятались. Пятая — Коли Колокольчикова — задержалась, но чья-то ладонь хлопнула её по макушке, и голова исчезла. Часовой Алёшка оглянулся. Всё было тихо, и он просунул голову в отверстие — послушать, что делается внутри сада.

От канавы отделилось трое. И в следующее мгновение часовой почувствовал, как крепкая сила рванула его за ноги, за руки. И, не успев крикнуть, он отлетел от забора.

— Гейка, — пробормотал он, поднимая лицо, — ты откуда?

— Оттуда, — прошипел Гейка. — Смотри молчи! А то я не посмотрю, что ты за меня заступался.

— Хорошо, — согласился Алёшка, — я молчу. — И неожиданно он пронзительно свистнул.

Но тотчас же рот его был зажат широкой ладонью Гейки. Чьи-то руки подхватили его за плечи, за ноги и уволокли прочь.

Свист в саду услыхали. Квакин обернулся. Свист больше не повторялся. Квакин внимательно оглядывался по сторонам. Теперь ему показалось, что кусты в углу сада шевельнулись.

— Фигура! — негромко окликнул Квакин. — Это ты там, дурак, прячешься?

— Мишка! Огонь! — крикнул вдруг кто-то. — Это идут хозяева!

Но это были не хозяева.

Позади, в гуще листвы, вспыхнуло не меньше десятка электрических фонарей. И, слепя глаза, они стремительно надвигались на растерявшихся налётчиков.

— Бей, не отступай! — выхватывая из кармана яблоко и швыряя по огням, крикнул Квакин. — Рви фонари с руками! Это идёт он... Тимка!

— Там Тимка, а здесь Симка! — гаркнул, вырываясь из-за куста, Симаков.

И ещё десяток мальчишек рванулись с тылу и с фланга.

— Эге! — заорал Квакин. — Да у них сила! За забор вылетай, ребята!

Попавшая в засаду шайка в панике метнулась к забору. Толкаясь, сшибаясь лбами, мальчишки выскакивали на улицу и попадали прямо в руки Ладыгина и Гейки.

Луна совсем спряталась за тучи. Слышны были только голоса:

— Пусти!

— Оставь!

— Не лезь! Не тронь!

— Всем тише! — раздался в темноте голос Тимура. — Пленных не бить! Где Гейка?

— Здесь Гейка!

— Веди всех на место.

— А если кто не пойдёт?

— Хватайте за руки, за ноги и тащите с почётом, как икону богородицы.

— Пустите, черти! — раздался чей-то плачущий голос.

— Кто кричит? — гневно спросил Тимур. — Хулиганить мастера, а отвечать боитесь! Гейка, давай команду, двигай!

Пленников подвели к пустой будке на краю базарной площади. Тут их одного за другим протолкнули за дверь.

— Михаила Квакина ко мне, — попросил Тимур.

Подвели Квакина.

— Готово? — спросил Тимур.

— Всё готово.

Последнего пленника втолкнули в будку, задвинули засов и просунули в пробой тяжёлый замок.

— Ступай, — сказал тогда Тимур Квакину. — Ты смешон. Ты никому не страшен и не нужен.

Ожидая, что его будут бить, ничего не понимая, Квакин стоял, опустив голову.

— Ступай, — повторил Тимур. — Возьми вот этот ключ и отопри часовню, где сидит твой друг Фигура.

Квакин не уходил.

— Отопри ребят, — хмуро попросил он. — Или посади меня вместе с ними.

— Нет, — отказался Тимур, — теперь всё кончено. Ни им с тобою, ни тебе с ними больше делать нечего.

Под свист, шум и улюлюканье, спрятав голову в плечи, Квакин медленно пошёл прочь. Отойдя десяток шагов, он остановился и выпрямился.

— Бить буду! — злобно закричал он, оборачиваясь к Тимуру. — Бить буду тебя одного. Один на один, до смерти! — И, отпрыгнув, он скрылся в темноте.

— Ладыгин и твоя пятёрка, вы свободны, — сказал Тимур. — У тебя что?

— Дом номер двадцать два — перекатать брёвна, по Большой Васильковской.

— Хорошо. Работайте!

Рядом на станции заревел гудок. Прибыл дачный поезд. С него сходили пассажиры, и Тимур заторопился.

— Симаков и твоя пятёрка, у тебя что?

— Дом номер тридцать восемь по Малой Петраковской. — Он рассмеялся и добавил: — Наше дело, как всегда: вёдра, кадка да вода... Гоп! Гоп! До свиданья!

— Хорошо, работайте! Ну, а теперь... сюда идут люди. Остальные все по домам... Разом!

Гром и стук раздался по площади. Шарахнулись и остановились идущие с поезда прохожие. Стук и вой повторился. Загорелись огни в окнах соседних дач. Кто-то включил свет над ларьками, и столпившиеся люди увидели над палаткой такой плакат:

ПРОХОЖИЕ, НЕ ЖАЛЕЙ!

Здесь сидят люди, которые трусливо по ночам обирают сады мирных жителей.

Ключ от замка висит позади этого плаката, и тот, кто отопрёт этих арестантов, пусть сначала посмотрит, нет ли среди них его близких или знакомых.

Поздняя ночь. И чёрно-красной звезды на воротах не видно. Но она тут.

Сад того дома, где живёт маленькая девочка. С ветвистого дерева спустились верёвки. Вслед за ними по шершавому стволу соскользнул мальчик. Он кладёт доску, садится и пробует, прочны ли они, эти новые качели. Толстый сук чуть поскрипывает, листва шуршит и вздрагивает. Вспорхнула и пискнула потревоженная птица. Уже поздно. Спит давно Ольга, спит Женя. Спят и его товарищи: весёлый Симаков, молчаливый Ладыгин, смешной Коля. Ворочается, конечно, и бормочет во сне храбрый Гейка.

Часы на каланче отбивают четверти: «Был день — было дело! Дин-дон… раз, два!..»

Да, уже поздно.

Мальчуган встаёт, шарит по траве руками и поднимает тяжёлый букет полевых цветов. Эти цветы рвала Женя.

Осторожно, чтобы не разбудить и не испугать спящих, он всходит на озарённое луною крыльцо и бережно кладёт букет на верхнюю ступеньку. Это — Тимур.

Было утро выходного дня. В честь годовщины победы красных под Хасаном комсомольцы посёлка устроили в парке большой карнавал-концерт и гулянье.

Девчонки убежали в рощу ещё спозаранку. Ольга торопливо доканчивала гладить блузку. Перебирая платья, она тряхнула Женин сарафан, и из его кармана выпала бумажка.

Ольга подняла и прочла:

«Девочка, никого дома не бойся. Всё в порядке, и никто от меня ничего не узнает. Тимур».

«Чего не узнает? Почему не бойся? Что за тайны у этой скрытной и лукавой девчонки? Нет! Этому надо положить конец. Папа уезжал, и он велел… Надо действовать решительно и быстро».

В окно постучал Георгий.

— Оля, — сказал он, — выручайте! Ко мне пришла делегация. Просят что-нибудь спеть с эстрады. Сегодня такой день — отказать было нельзя. Давайте аккомпанируйте мне на аккордеоне.

— Да... Но это вам может сделать пианистка! — удивилась Ольга. — Зачем же на аккордеоне?

— Оля, я с пианисткой не хочу. Хочу с вами! У нас получится хорошо. Можно, я к вам через окно прыгну? Оставьте утюг и выньте инструмент. Ну вот, я его вам сам вынул. Вам только остаётся нажимать на лады пальцами, а я петь буду.

— Послушайте, Георгий, — обиженно сказала Ольга, — в конце концов, вы могли не лезть в окно, когда есть двери...

В парке было шумно. Вереницей подъезжали машины с отдыхающими. Тащились грузовики с бутербродами, с булками, бутылками, колбасой, конфетами, пряниками. Стройно подходили голубые отряды ручных и колёсных мороженщиков.

На полянах разноголосо вопили патефоны, вокруг которых раскинулись приезжие и местные дачники с питьём и снедью.

Играла музыка. У ворот ограды эстрадного театра стоял дежурный старичок и бранил монтёра, который хотел пройти через калитку вместе со своими ключами, ремнями и железными «кошками».

— С инструментами, дорогой, сюда не пропускаем. Сегодня праздник. Ты сначала сходи домой, умойся и оденься.

— Так ведь, папаша, здесь же без билета, бесплатно!

— Всё равно нельзя. Здесь пение. Ты бы ещё с собой телеграфный столб приволок. И ты, гражданин, обойди тоже, — остановил он другого человека. — Здесь люди поют... музыка. А у тебя бутылка торчит из кармана.

— Но, дорогой папаша, — заикаясь, пытался возразить человек, — мне нужно… я сам тенор.

— Проходи, проходи, тенор, — показывая на монтёра, отвечал старик. — Вон бас не возражает. И ты, тенор, не возражай тоже.

Женя, которой мальчишки сказали, что Ольга с аккордеоном прошла за сцену, нетерпеливо ёрзала по скамье.

Наконец вышли Георгий и Ольга. Жене стало страшно: ей показалось, что над Ольгой сейчас начнут смеяться.

Но никто не смеялся.

Георгий и Ольга стояли на подмостках, такие простые, молодые и весёлые, что Жене захотелось обнять их обоих.

Но вот Ольга накинула ремень на плечо.

Глубокая морщина перерезала лоб Георгия, он ссутулился, наклонил голову. Теперь это был старик, и низким, звучным голосом он запел:

Я третью ночь не сплю. Мне чудится всё то же
Движенье тайное в угрюмой тишине.
Винтовка руку жжёт. Тревога сердце гложет,
Как двадцать лет назад ночами на войне.
Но если и сейчас я встречуся с тобою,
Наёмных армий вражеский солдат,
То я, седой старик, готовый встану к бою,
Спокоен и суров, как двадцать лет назад.

— Ах, как хорошо! И как этого хромого смелого старика жалко! Молодец, молодец... — бормотала Женя. — Так, так. Играй, Оля! Жаль только, что не слышит тебя наш папа.

После концерта, дружно взявшись за руки, Георгий и Ольга шли по аллее.

— Всё так, — говорила Ольга. — Но я не знаю, куда пропала Женя.

— Она стояла на скамье, — ответил Георгий, — и кричала: «Браво, браво!» Потом к ней подошёл... — тут Георгий запнулся, — какой-то мальчик, и они исчезли.

— Какой мальчик? — встревожилась Ольга. — Георгий, вы старше, скажите, что мне с ней делать? Смотрите! Утром я у неё нашла вот эту бумажку!

Георгий прочёл записку. Теперь он и сам задумался и нахмурился.

— «Не бойся» — это значит «не слушайся». Ох, и попадись мне этот мальчишка под руку, то-то бы я с ним поговорила!

Ольга спрятала записку. Некоторое время они молчали. Но музыка играла очень весело, кругом смеялись, и, опять взявшись за руки, они пошли по аллее.

Вдруг на перекрёстке в упор они столкнулись с другой парой, которая, так же дружно держась за руки, шла им навстречу. Это были Тимур и Женя.

Растерявшись, обе пары вежливо на ходу раскланялись.

— Вот он! — дёргая Георгия за руку, с отчаянием сказала Ольга. — Это и есть тот самый мальчишка.

— Да, — смутился Георгий, — а главное, что это и есть Тимур — мой отчаянный племянник.

— И ты… вы знали! — рассердилась Ольга. — И вы мне ничего не говорили!

Откинув его руку, она побежала по аллее. Но ни Тимура, ни Жени уже видно не было. Она свернула на узкую кривую тропку, и только тут она наткнулась на Тимура, который стоял перед Фигурой и Квакиным.

— Послушай, — подходя к нему вплотную, сказала Ольга. — Мало вам того, что вы облазили и обломали все сады, даже у старух, даже у осиротевшей девчурки; мало тебе того, что от вас бегут даже собаки, — ты портишь и настраиваешь против меня сестрёнку. У тебя на шее пионерский галстук, но ты просто… негодяй!

Тимур был бледен.

— Это неправда, — сказал он. — Вы ничего не знаете.

Ольга махнула рукой и побежала разыскивать Женю.

Тимур стоял и молчал.

Молчали озадаченные Фигура и Квакин.

— Ну что, комиссар? — спросил Квакин. — Вот и тебе, я вижу, бывает невесело?

— Да, атаман, — медленно поднимая глаза, ответил Тимур. — Мне сейчас тяжело, мне невесело. И лучше бы вы меня поймали, исколотили, избили, чем мне из-за вас слушать… вот это.

— Чего же ты молчал? — усмехнулся Квакин. — Ты бы сказал: это, мол, не я. Это они. Мы тут стояли, рядом.

— Да! Ты бы сказал, а мы бы тебе за это наподдали, — вставил обрадованный Фигура.

Но совсем не ожидавший такой поддержки Квакин молча и холодно посмотрел на своего товарища. А Тимур, трогая рукой стволы деревьев, медленно пошёл прочь.

— Гордый, — тихо сказал Квакин. — Хочет плакать, а молчит.

— Давай-ка сунем ему по разу, вот и заплачет, — сказал Фигура и запустил вдогонку Тимуру еловой шишкой.

— Он… гордый, — хрипло повторил Квакин, — а ты… ты — сволочь! — И, развернувшись, он ляпнул Фигуре кулаком по лбу.

Фигура опешил, потом взвыл и кинулся бежать. Дважды, нагоняя его, давал ему Квакин тычка в спину.

Наконец Квакин остановился, поднял оброненную фуражку; отряхивая, ударил её о колено, подошёл к мороженщику, взял порцию, прислонился к дереву и, тяжело дыша, жадно стал глотать мороженое большими кусками.

На поляне возле стрелкового тира Тимур нашёл Гейку и Симу.

— Тимур! — предупредил его Сима. — Тебя ищет (он, кажется, очень сердит) твой дядя.

— Да, иду, я знаю.

— Ты сюда вернёшься?

— Не знаю.

— Тима! — неожиданно мягко сказал Гейка и взял товарища за руку. — Что это? Ведь мы же ничего плохого никому не сделали. А ты знаешь, если человек прав...

— Да, знаю... то он не боится ничего на свете. Но ему всё равно больно.

Тимур ушёл.

К Ольге, которая несла домой аккордеон, подошла Женя.

— Оля!

— Уйди! — не глядя на сестру, ответила Ольга. — Я с тобой больше не разговариваю. Я сейчас уезжаю в Москву, и ты без меня можешь гулять с кем хочешь, хоть до рассвета.

— Но, Оля...

— Я с тобой не разговариваю. Послезавтра мы переедем в Москву. А там подождём папу.

— Да! Папа, а не ты — он всё узнает! — в гневе и слезах крикнула Женя и помчалась разыскивать Тимура.

Она разыскала Гейку, Симакова и спросила, где Тимур.

— Его позвали домой, — сказал Гейка. — На него за что-то из-за тебя очень сердит дядя.

В бешенстве топнула Женя ногой и, сжимая кулаки, вскричала:

— Вот так... ни за что... и пропадают люди!

Она обняла ствол берёзы, но тут к ней подскочили Таня и Нюрка.

— Женька! — закричала Таня. — Что с тобой? Женя, бежим! Там пришёл баянист, там начались танцы — пляшут девчонки.

Они схватили её, затормошили и подтащили к кругу, внутри которого мелькали яркие, как цветы, платья, блузки и сарафаны.

— Женя, плакать не надо! — так же, как всегда, быстро и сквозь зубы сказала Нюрка. — Меня когда бабка колотит, и то я не плачу! Девочки, давайте лучше в круг!.. Прыгнули!

— «Пр-рыгнули»! — передразнила Нюрку Женя.

И, прорвавшись через цепь, они закружились, завертелись в отчаянно весёлом танце.

Когда Тимур вернулся домой, его подозвал дядя.

— Мне надоели твои ночные похождения, — говорил Георгий. — Надоели сигналы, звонки, верёвки. Что это была за странная история с одеялом?

— Это была ошибка.

— Хороша ошибка! К этой девочке ты больше не лезь: тебя её сестра не любит.

— За что?

— Не знаю. Значит, заслужил. Что это у тебя за записки? Что это за странные встречи в саду на рассвете? Ольга говорит, что ты учишь девочку хулиганству.

— Она лжёт, — возмутился Тимур, — а ещё комсомолка! Если ей что непонятно, она могла бы позвать меня, спросить. И я бы ей на всё ответил.

— Хорошо. Но, пока ты ей ещё ничего не ответил, я запрещаю тебе подходить к их даче, и вообще, если ты будешь самовольничать, то я тебя тотчас же отправлю домой к матери.

Он хотел уходить.

— Дядя, — остановил его Тимур, — а когда вы были мальчишкой, что вы делали? Как играли?

— Мы?.. Мы бегали, скакали, лазили по крышам, бывало, что и дрались. Но наши игры были просты и всем понятны.

Чтобы проучить Женю, к вечеру, так и не сказав сестрёнке ни слова, Ольга уехала в Москву.

В Москве никакого дела у неё не было. И поэтому, не заезжая к себе, она отправилась к подруге, просидела у неё дотемна и только часам к десяти пришла на свою квартиру.

Она открыла дверь, зажгла свет и тут же вздрогнула: к двери в квартиру была пришпилена телеграмма.

Ольга сорвала телеграмму и прочла её. Телеграмма была от папы.

К вечеру, когда уже разъезжались из парка грузовики, Женя и Таня забежали на дачу. Затевалась игра в волейбол, и Женя должна была сменить туфли на тапки.

Она завязывала шнурок, когда в комнату вошла женщина — мать белокурой девчурки. Девочка лежала у неё на руках и дремала.

Узнав, что Ольги нет дома, женщина опечалилась.

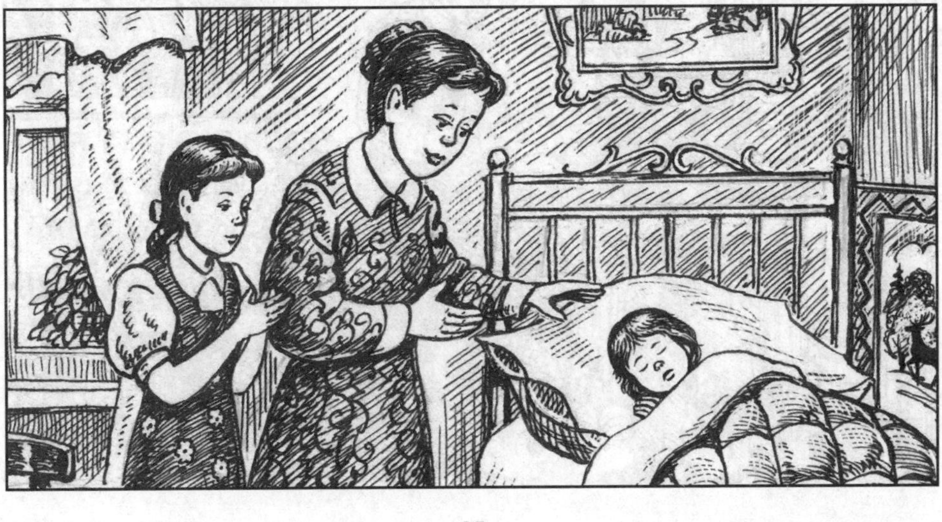

— Я хотела оставить у вас дочку, — сказала она. — Я не знала, что нет сестры… Поезд приходит сегодня ночью, и мне надо в Москву — встретить маму.

— Оставьте её, — сказала Женя. — Что же Ольга… А я не человек, что ли? Кладите её на мою кровать, а я на другой лягу.

— Она спит спокойно и теперь проснётся только утром, — обрадовалась мать. — К ней только изредка нужно подходить и поправлять под её головой подушку.

Девчурку раздели, уложили. Мать ушла. Женя отдёрнула занавеску, чтобы видна была через окно кроватка, захлопнула дверь террасы, и они с Таней убежали играть в волейбол, условившись после каждой игры прибегать по очереди и смотреть, как спит девочка.

Только что они убежали, как на крыльцо вошёл почтальон. Он стучал долго, а так как ему не откликались, то он вернулся к калитке и спросил у соседа, не уехали ли хозяева в город.

— Нет, — отвечал сосед, — девчонку я сейчас тут видел. Давай я приму телеграмму.

Сосед расписался, сунул телеграмму в карман, сел на скамью и закурил трубку. Он ожидал Женю долго.

Прошло часа полтора. Опять к соседу подошёл почтальон.

— Вот, — сказал он. — И что за пожар, спешка? Прими, друг, и вторую телеграмму.

Сосед расписался. Было уже совсем темно. Он прошёл через калитку, поднялся по ступенькам террасы и заглянул в окно. Маленькая девочка спала. Возле её головы на подушке лежал рыжий котёнок. Значит, хозяева были где-то около дома.

Сосед открыл форточку и опустил через неё обе телеграммы. Они аккуратно легли на подоконник, и вернувшаяся Женя должна была бы заметить их сразу.

Но Женя их не заметила. Придя домой, при свете луны она поправила сползшую с подушки девчурку, турнула котёнка, разделась и легла спать.

Она лежала долго, раздумывая о том: вот она какая бывает, жизнь! И она не виновата, и Ольга как будто бы тоже. А вот впервые они с Ольгой всерьёз поссорились.

Было очень обидно. Спать не спалось, и Жене захотелось булки с вареньем. Она спрыгнула, подошла к шкафу, включила свет и тут увидела на подоконнике телеграммы.

Ей стало страшно. Дрожащими руками она оборвала заклейку и прочла.

В первой было:

«Буду сегодня проездом от двенадцати ночи до трёх утра тчк Ждите на городской квартире папа».

Во второй:

«Приезжай немедленно ночью папа будет в городе Ольга».

С ужасом глянула на часы. Было без четверти двенадцать. Накинув платье и схватив сонного ребёнка, Женя, как полоумная, бросилась к крыльцу. Одумалась. Положила ребёнка на кровать.

Выскочила на улицу и помчалась к дому старухи молочницы. Она грохала в дверь кулаком и ногой до тех пор, пока не показалась в окне голова соседки.

— Чего стучишь? — сонным голосом спросила она. — Чего озоруешь?

— Я не озорую, — умоляюще заговорила Женя. — Мне нужно молочницу, тётю Машу. Я хотела ей оставить ребёнка.

— И что городишь? — захлопывая окно, ответила соседка. — Хозяйка ещё с утра уехала в деревню гостить к брату.

Со стороны вокзала донёсся гудок приближающегося поезда. Женя выбежала на улицу и столкнулась с седым джентльменом, доктором.

— Простите! — пробормотала она. — Вы не знаете, какой это гудит поезд?

Джентльмен вынул часы.

— Двадцать три пятьдесят пять, — ответил он. — Это сегодня на Москву последний.

— Как последний? — глотая слёзы, прошептала Женя. — А когда следующий?

— Следующий пойдёт утром, в три сорок. Девочка, что с тобой? — хватая за плечо покачнувшуюся Женю, участливо спросил старик. — Ты плачешь? Может быть, я тебе чем-нибудь смогу помочь?

— Ах, нет! — сдерживая рыдания и убегая, ответила Женя. — Теперь уже мне не может помочь никто на свете.

Дома она уткнулась головой в подушку, но тотчас же вскочила и гневно посмотрела на спящую девчурку. Опомнилась, одёрнула одеяло, столкнула с подушки рыжего котёнка.

Она зажгла свет на террасе, в кухне, в комнате, села на диван и покачала головой. Так сидела она долго и, кажется, ни о чём не думала. Нечаянно она задела валявшийся тут же аккордеон.

Машинально подняла его и стала перебирать клавиши. Зазвучала мелодия, торжественная и печальная. Женя грубо оборвала игру и подошла к окну. Плечи её вздрагивали.

Нет! Оставаться одной и терпеть такую муку сил у неё больше нет. Она зажгла свечку и, спотыкаясь, через сад пошла к сараю.

Вот и чердак. Верёвка, карта, мешки, флаги. Она зажгла фонарь, подошла к штурвальному колесу, нашла нужный ей провод, зацепила его за крюк и резко повернула колесо.

Тимур спал, когда Рита тронула его за плечо лапой. Толчка он не почувствовал. И, схватив зубами одеяло, Рита стащила его на пол.

Тимур вскочил.

— Ты что? — спросил он, не понимая. — Что-нибудь случилось?

Собака смотрела ему в глаза, шевелила хвостом, мотала мордой. Тут Тимур услыхал звон бронзового колокольчика.

Недоумевая, кому он мог понадобиться глухой ночью, он вышел на террасу и взял трубку телефона.

— Да, я, Тимур, у аппарата. Это кто? Это ты... Ты, Женя?

Сначала Тимур слушал спокойно. Но вот губы его зашевелились, по лицу пошли красноватые пятна. Он задышал часто и отрывисто.

— И только на три часа? — волнуясь, спросил он. — Женя, ты плачешь? Я слышу... Ты плачешь. Не смей! Не надо! Я приду скоро...

Он повесил трубку и схватил с полки расписание поездов.

— Да, вот он, последний, в двадцать три пятьдесят пять. Следующий пойдёт только в три сорок. — Он стоит и кусает губы. — Поздно! Неужели ничего нельзя сделать? Нет! Поздно!

Но красная звезда днём и ночью горит над воротами Жениного дома. Он зажёг её сам, своей рукой, и её лучи, прямые, острые, блестят и мерцают перед его глазами.

Дочь командира в беде! Дочь командира нечаянно попала в засаду.

Он быстро оделся, выскочил на улицу, и через несколько минут он уже стоял перед крыльцом дачи седого джентльмена. В кабинете доктора ещё горел свет. Тимур постучался. Ему открыли.

— Ты к кому? — сухо и удивлённо спросил его джентльмен.

— К вам, — ответил Тимур.

— Ко мне? — Джентльмен подумал, потом широким жестом распахнул дверь и сказал: — Тогда прошу пожаловать!..

Они говорили недолго.

— Вот и всё, что мы делаем, — поблёскивая глазами, закончил свой рассказ Тимур. — Вот и всё, что мы делаем, как играем, и вот зачем мне нужен сейчас ваш Коля.

Молча старик встал. Резким движением он взял Тимура за подбородок, поднял его голову, заглянул ему в глаза и вышел.

Он прошёл в комнату, где спал Коля, и подёргал его за плечо.

— Вставай, — сказал он, — тебя зовут.

— Но я ничего не знаю, — испуганно тараща глаза, заговорил Коля. — Я, дедушка, право, ничего не знаю.

— Вставай, — сухо повторил ему джентльмен. — За тобой пришёл твой товарищ.

На чердаке на охапке соломы, охватив колени руками, сидела Женя. Она ждала Тимура. Но вместо него в отверстие окна просунулась взъерошенная голова Коли Колокольчикова.

— Это ты? — удивилась Женя. — Что тебе надо?

— Я не знаю, — тихо и испуганно отвечал Коля. — Я спал. Он пришёл. Я встал. Он послал. Он велел, чтобы мы с тобой спустились вниз, к калитке.

— Зачем?

— Я не знаю. У меня у самого в голове какой-то стук, гудение. Я, Женя, и сам ничего не понимаю.

Спрашивать позволения было не у кого. Дядя ночевал в Москве. Тимур зажёг фонарь, взял топор, крикнул собаку Риту и вышел в сад. Он остановился перед закрытой дверью сарая. Он перевёл взгляд с топора на замок. Да! Он знал — так делать было нельзя, но другого выхода не было. Сильным ударом он сшиб замок и вывел мотоцикл из сарая.

— Рита! — горько сказал он, становясь на колено и целуя собаку в морду. — Ты не сердись! Я не мог поступить иначе.

Женя и Коля стояли у калитки. Издалека показался быстро приближающийся огонь. Огонь летел прямо на них, послышался треск мотора. Ослеплённые, они зажмурились, попятились к забору, как вдруг огонь погас, мотор заглох и перед ними очутился Тимур.

— Коля, — сказал он, не здороваясь и ничего не спрашивая, — ты останешься здесь и будешь охранять спящую девчонку. Ты отвечаешь за неё перед всей нашей командой. Женя, садись. Вперёд! В Москву!

Женя вскрикнула, что было у неё силы обняла Тимура и поцеловала.

— Садись, Женя, садись! — стараясь казаться суровым, кричал Тимур. — Держись крепче! Ну, вперёд! Вперёд, двигаем!

Мотор затрещал, гудок рявкнул, и вскоре красный огонёк скрылся из глаз растерявшегося Коли.

Он постоял, поднял палку и, держа её наперевес, как ружьё, обошёл вокруг ярко освещённой дачи.

— Да, — важно шагая, бормотал он. — Эх, и тяжела ты, солдатская служба! Нет тебе покоя днём, нет и ночью!

Время подходило к трём ночи. Полковник Александров сидел у стола, на котором стоял остывший чайник и лежали обрезки колбасы, сыра и булки.

— Через полчаса я уеду, — сказал он Ольге. — Жаль, что так и не пришлось мне повидать Женьку. Оля, ты плачешь?

— Я не знаю, почему она не приехала. Мне её так жалко, она тебя так ждала! Теперь она совсем сойдёт с ума. А она и так сумасшедшая.

— Оля, — вставая, сказал отец, — я не знаю, я не верю, чтобы Женька могла попасть в плохую компанию, чтобы её испортили, чтобы ею командовали. Нет! Не такой у неё характер.

— Ну вот! — огорчилась Ольга. — Ты ей только об этом скажи. Она и так заладила, что характер у неё такой же, как у тебя. А чего там такой! Она залезла на крышу, спустила через трубу верёвку. Я хочу взять утюг, а он прыгает кверху. Папа, когда ты уезжал, у неё было четыре платья. Два — уже тряпки. Из третьего она выросла, одно я ей носить пока не даю. А три новых я ей сама сшила. Но всё на ней так и горит. Вечно она в синяках, в царапинах. А она, конечно, подойдёт, губы бантиком сложит, глаза голубые вытаращит. Ну, конечно, все думают — цветок, а не девочка. А пойди-ка. Ого! Цветок! Тронешь и обожжёшься. Папа, ты не выдумывай, что у неё такой же, как у тебя, характер. Ей только об этом скажи! Она три дня на трубе плясать будет.

— Ладно, — обнимая Ольгу, согласился отец. — Я ей скажу. Я ей напишу. Ну и ты, Оля, не жми на неё очень. Ты скажи ей, что я её люблю и помню, что мы вернёмся скоро и что ей обо мне нельзя плакать, потому что она дочь командира.

— Всё равно будет, — прижимаясь к отцу, сказала Ольга. — И я дочь командира. И я буду тоже.

Отец посмотрел на часы, подошёл к зеркалу, надел ремень и стал одёргивать гимнастёрку. Вдруг наружная дверь хлопнула. Раздвинулась портьера. И, как-то угловато сдвинув плечи, точно приготовившись к прыжку, появилась Женя. Но вместо того чтобы вскрикнуть, подбежать, прыгнуть, она бесшумно, быстро подошла и молча спрятала лицо на груди отца.

Лоб её был забрызган грязью, помятое платье в пятнах.

И Ольга в страхе спросила:

— Женя, ты откуда? Как ты сюда попала?

Не поворачивая головы, Женя отмахнулась кистью руки, и это означало: «Погоди!.. Отстань!.. Не спрашивай!..»

Отец взял Женю на руки, сел на диван, посадил её к себе на колени. Он заглянул ей в лицо и вытер ладонью её запачканный лоб.

— Да, хорошо! Ты молодец человек, Женя!

— Но ты вся в грязи, лицо чёрное! Как ты сюда попала? — опять спросила Ольга.

Женя показала ей на портьеру, и Ольга увидела Тимура.

Он снимал кожаные автомобильные краги. Висок его был измазан жёлтым маслом. У него было влажное усталое лицо честно выполнившего своё дело рабочего человека.

Здороваясь со всеми, он наклонил голову.

— Папа! — вскакивая с колен отца и подбегая к Тимуру, сказала Женя. — Ты никому не верь! Они ничего не знают. Это Тимур — мой очень хороший товарищ.

Отец встал и, не раздумывая, пожал Тимуру руку. Быстрая и торжествующая улыбка скользнула по лицу Жени — одно мгновение испытующе глядела она на Ольгу. И та, растерявшаяся, всё ещё недоумевающая, подошла к Тимуру:

— Ну... тогда здравствуй...

Вскоре часы пробили три.

— Папа, — испугалась Женя, — ты уже встаёшь? Наши часы спешат.

— Нет, Женя, это точно.

— Папа, и твои часы спешат тоже. — Она подбежала к телефону, набрала «время», и из трубки донёсся ровный металлический голос:

— Три часа четыре минуты!

Женя взглянула на стену и со вздохом сказала:

— Наши спешат, но только на одну минуту. Папа, возьми нас с собой на вокзал, мы тебя проводим до поезда!

— Нет, Женя, нельзя. Мне там будет некогда.

— Почему? Папа, ведь у тебя билет уже есть?

— Есть.

— В мягком?

— В мягком.

— Ох, как и я хотела бы с тобой поехать далеко-далеко в мягком!..

И вот не вокзал, а какая-то станция, похожая на подмосковную товарную, пожалуй, на Сортировочную. Пути, стрелки, составы, вагоны. Людей не видно. На линии стоит бронепоезд. Приоткрылось железное окно, мелькнуло и скрылось озарённое пламенем лицо машиниста.

На платформе в кожаном пальто стоит отец Жени — полковник Александров. Подходит лейтенант, козыряет и спрашивает:

— Товарищ командир, разрешите отправляться?

— Да! — Полковник смотрит на часы: три часа пятьдесят три минуты. — Приказано отправляться в три часа пятьдесят три минуты.

Полковник Александров подходит к вагону и смотрит. Светает, но в тучах небо. Он берётся за влажные поручни. Перед ним открывается тяжёлая дверь. И, поставив ногу на ступеньку, улыбнувшись, он сам себя спрашивает:

— В мягком?

— Да! В мягком...

Тяжёлая стальная дверь с грохотом захлопывается за ним.

Ровно, без толчков, без лязга вся эта броневая громада трогается и плавно набирает скорость. Проходит паровоз. Плывут орудийные башни. Москва остаётся позади. Туман. Звёзды гаснут. Светает.

Утром, не найдя дома ни Тимура, ни мотоцикла, вернувшийся с работы Георгий тут же решил отправить Тимура домой к матери. Он сел писать письмо, но через окно увидел идущего по дорожке красноармейца.

Красноармеец вынул пакет и спросил:

— Товарищ Гараев?

— Да.

— Георгий Алексеевич?

— Да.

— Примите пакет и распишитесь.

Красноармеец ушёл. Георгий посмотрел на пакет и понимающе свистнул. Да! Вот и оно, то самое, чего он уже давно ждал.

Он вскрыл пакет, прочёл и скомкал начатое письмо. Теперь надо было не отсылать Тимура, а вызывать его мать телеграммой сюда, на дачу.

В комнату вошёл Тимур — и разгневанный Георгий стукнул кулаком по столу. Но следом за Тимуром вошли Ольга и Женя.

— Тише! — сказала Ольга. — Ни кричать, ни стучать не надо. Тимур не виноват. Виноваты вы, да и я тоже.

— Да, — подхватила Женя, — вы на него не кричите. Оля, ты до стола не дотрагивайся. Вон этот револьвер у них очень громко стреляет.

Георгий посмотрел на Женю, потом на револьвер, на отбитую ручку глиняной пепельницы. Он что-то начинает понимать, он догадывается, и он спрашивает:

— Так это тогда ночью здесь была ты, Женя?

— Да, это была я. Оля, расскажи человеку всё толком, а мы возьмём керосин, тряпку и пойдём чистить машину.

На следующий день, когда Ольга сидела на террасе, через калитку прошёл командир. Он шагал твёрдо, уверенно, как будто бы шёл к себе домой, и удивлённая Ольга поднялась ему навстречу. Перед ней в форме капитана танковых войск стоял Георгий.

— Это что же? — тихо спросила Ольга. — Это опять... новая роль оперы?

— Нет, — отвечал Георгий. — Я на минуту зашёл проститься. Это не новая роль, а просто новая форма.

— Это, — показывая на петлицы и чуть покраснев, спросила Ольга, — то самое?.. «Мы бьём через железо и бетон прямо в сердце»?

— Да, то самое. Спойте мне и сыграйте, Оля, что-нибудь на дальнюю путь-дорогу.

Он сел. Ольга взяла аккордеон.

...Лётчики-пилоты! Бомбы-пулемёты!
Вот и улетели в дальний путь.
Вы когда вернётесь?
Я не знаю, скоро ли,
Только возвращайтесь... хоть когда-нибудь.
Гей! Да где б вы ни были —
На земле, на небе ли,
Над чужими ль странами, —
Два крыла,
Крылья краснозвёздные,
Милые и грозные,
Жду я вас по-прежнему,
Как ждала.

— Вот, — сказала она. — Но это всё про лётчиков, а о танкистах я такой хорошей песни не знаю.

— Ничего, — попросил Георгий. — А вы найдите мне и без песни хорошее слово.

Ольга задумалась, и, отыскивая нужное хорошее слово, она притихла, внимательно поглядывая на его серые и уже не смеющиеся глаза.

Женя, Тимур и Таня были в саду.

— Слушайте, — предложила Женя. — Георгий сейчас уезжает. Давайте соберём ему на проводы всю команду. Давайте грохнем по форме номер один позывной сигнал общий. То-то будет переполоху!

— Не надо, — отказался Тимур.

— Почему?

— Не надо! Мы других так никого не провожали.

— Ну, не надо, так не надо, — согласилась Женя. — Вы тут посидите, я пойду воды напиться.

Она ушла, а Таня рассмеялась.

— Ты чего? — не понял Тимур.

Таня рассмеялась ещё громче.

— Ну и молодец, ну и хитра у нас Женька! «Я пойду воды напиться»!

— Внимание! — раздался с чердака звонкий, торжествующий голос Жени. — Подаю по форме номер один позывной сигнал общий.

— Сумасшедшая! — подскочил Тимур. — Да сейчас сюда примчится сто человек! Что ты делаешь?

Но уже закрутилось, заскрипело тяжёлое колесо, вздрогнули, задёргались провода: «Три — стоп», «три — стоп», остановка!

И загремели под крышами сараев, в чуланах, в курятниках сигнальные звонки, трещотки, бутылки, жестянки.

Сто не сто, а не меньше пятидесяти ребят быстро мчались на зов знакомого сигнала.

— Оля, — ворвалась Женя на террасу, — мы пойдём провожать тоже! Нас много. Выгляни в окошко.

— Эге, — отдёргивая занавеску, удивился Георгий. — Да у вас команда большая. Её можно погрузить в эшелон и отправить на фронт.

— Нельзя! — вздохнула, повторяя слова Тимура, Женя. — Крепко-накрепко всем начальникам и командирам приказано гнать оттуда нашего брата по шее. А жаль! Я бы и то куда-нибудь там... в бой, в атаку. Пулемёты на линию огня!.. Пер-р-вая!

— Пер-р-вая... ты на свете хвастунишка и атаман! — передразнила её Ольга, и, перекидывая через плечо ремень аккордеона, она сказала:

— Ну что ж, если провожать, так провожать с музыкой.

Они вышли на улицу. Ольга играла на аккордеоне. Потом ударили склянки, жестянки, бутылки, палки — это вырвался вперёд самодельный оркестр, и грянула песня.

Они шли по зелёным улицам, обрастая всё новыми и новыми провожающими. Сначала посторонние люди не понимали: почему шум, гром, визг? О чём и к чему песня?

Но, разобравшись, они улыбались и кто про себя, а кто и вслух желали Георгию счастливого пути.

Когда они подходили к платформе, мимо станции, не останавливаясь, проходил военный эшелон.

В первых вагонах были красноармейцы. Им замахали руками, закричали. Потом пошли открытые платформы с повозками, над которыми торчал целый лес зелёных оглобель. Потом — вагоны с конями. Кони мотали мордами, жевали сено. И им тоже закричали «ура». Наконец промелькнула платформа, на которой лежало что-то большое, угловатое, тщательно укутанное серым брезентом. Тут же, покачиваясь на ходу поезда, стоял часовой.

Эшелон исчез, подошёл поезд. И Тимур попрощался с дядей.

К Георгию подошла Ольга.

— Ну, до свиданья! — сказала она. — И, может быть, надолго?

Он покачал головой и пожал ей руку:

— Не знаю... Как судьба!

Гудок, шум, гром оглушительного оркестра. Поезд ушёл.

Ольга была задумчива. В глазах у Жени большое и ей самой непонятное счастье. Тимур взволнован, но он крепится.

— Ну вот, — чуть изменившимся голосом сказал он, — теперь я и сам остался один. — И, тотчас же выпрямившись, он добавил: — Впрочем, завтра ко мне приедет мама.

— А я? — закричала Женя. — А они? — Она показала на товарищей. — А это? — И она ткнула пальцем на красную звезду.

— Будь спокоен! — отряхиваясь от раздумья, сказала Тимуру Ольга. — Ты о людях всегда думал, и они тебе отплатят тем же.

Тимур поднял голову.

Ах, и тут, и тут не мог он ответить иначе, этот простой и милый мальчишка!

Он окинул взглядом товарищей, улыбнулся и сказал:

— Я стою... я смотрю. Всем хорошо! Все спокойны. Значит, и я спокоен тоже!

СКАЗКА ПРО ВОЕННУЮ ТАЙНУ, МАЛЬЧИША-КИБАЛЬЧИША И ЕГО ТВЁРДОЕ СЛОВО

— Расскажи, Натка, сказку, — попросила синеглазая девчурка и виновато улыбнулась.

— Сказку? — задумалась Натка. — Я что-то не знаю сказок. Или нет... Я расскажу вам Алькину сказку. Можно? — спросила она у насторожившегося Альки.

— Можно, — позволил Алька, горделиво посматривая на притихших октябрят.

— Я расскажу Алькину сказку своими словами. А если я что-нибудь позабыла или скажу не так, то пусть он меня поправит. Ну вот, слушайте!

В те дальние-дальние годы, когда только что отгремела по всей стране война, жил да был Мальчиш-Кибальчиш.

В ту пору далеко прогнала Красная Армия белые войска проклятых буржуинов, и тихо стало на тех широких полях, на зелёных лугах, где рожь росла, где гречиха цвела, где среди густых садов да вишнёвых кустов стоял домишко, в котором жил Мальчиш, по прозванию Кибальчиш, да отец Мальчиша, да старший брат Мальчиша, а матери у них не было.

Отец работает — сено косит. Брат работает — сено возит. Да и сам Мальчиш то отцу, то брату помогает или просто с другими мальчишами прыгает да балуется.

Гоп!.. Гоп!.. Хорошо! Не визжат пули, не грохают снаряды, не горят деревни. Не надо от пуль на пол ложиться, не надо от снарядов в погреба прятаться, не надо от пожаров в лес бежать. Нечего буржуинов бояться. Некому в пояс кланяться. Живи да работай — хорошая жизнь!

Вот однажды — дело к вечеру — вышел Мальчиш-Кибальчиш на крыльцо. Смотрит он — небо ясное, ветер тёплый, солнце к ночи за Чёрные горы садится. И всё бы хорошо, да что-то нехорошо. Слышится Мальчишу, будто то ли что-то гремит, то ли что-то стучит. Чудится Мальчишу, будто пахнет ветер не цветами с садов, не мёдом с лугов, а пахнет ветер то ли дымом с пожаров, то ли порохом с разрывов. Сказал он отцу, а отец усталый пришёл.

— Что ты? — говорит он Мальчишу. — Это дальние грозы гремят за Чёрными горами. Это пастухи дымят кострами за Синей рекой, стада пасут да ужин варят. Иди, Мальчиш, и спи спокойно.

Ушёл Мальчиш. Лёг спать. Но не спится ему — ну никак не засыпается.

Вдруг слышит он на улице топот, у окон — стук. Глянул Мальчиш-Кибальчиш, и видит он: стоит у окна всадник. Конь — вороной, сабля — светлая, папаха — серая, а звезда — красная.

— Эй, вставайте! — крикнул всадник. — Пришла беда, откуда не ждали. Напал на нас из-за Чёрных гор проклятый буржуин. Опять уже свистят пули, опять уже рвутся снаряды. Бьются с буржуинами наши отряды, и мчатся гонцы звать на помощь далёкую Красную Армию.

Так сказал эти тревожные слова краснозвёздный всадник и умчался прочь. А отец Мальчиша подошёл к стене, снял винтовку, закинул сумку и надел патронташ.

— Что же, — говорит старшему сыну, — я рожь густо сеял — видно, убирать тебе много придётся. Что же, — говорит он Мальчишу, — я жизнь круто прожил, и пожить за меня хорошо, видно, тебе, Мальчиш, придётся.

Так сказал он, крепко поцеловал Мальчиша и ушёл.

А много ему расцеловываться некогда было, потому что теперь уже всем и видно и слышно было, как гудят за лугами взрывы и горят за горами зори от зарева дымных пожаров...

— Так я говорю, Алька? — спросила Натка, оглядывая притихших ребят.

— Так... так, Натка, — тихо ответил Алька и положил свою руку на её загорелое плечо.

— Ну вот... День проходит, два проходит. Выйдет Мальчиш на крыльцо: нет... не видать ещё Красной Армии. Залезет Мальчиш на крышу. Весь день с крыши не слезает. Нет, не видать. Лёг он к ночи спать. Вдруг слышит он на улице топот, у окошка — стук. Выглянул Мальчиш: стоит у окна тот же всадник. Только конь худой да усталый, только сабля погнутая, тёмная, только папаха простреленная, звезда разрубленная, а голова повязанная.

— Эй, вставайте! — крикнул всадник. — Было полбеды, а теперь кругом беда. Много буржуинов, да мало наших. В поле пули тучами, по отрядам снаряды тысячами. Эй, вставайте, давайте подмогу!

Встал тогда старший брат, сказал Мальчишу:

— Прощай, Мальчиш... Остаёшься ты один... Щи в котле, каравай на столе, вода в ключах, а голова на плечах... Живи, как сумеешь, а меня не дожидайся.

День проходит, два проходит. Сидит Мальчиш у трубы на крыше, и видит Мальчиш, что скачет издалека незнакомый всадник.

Доскакал всадник до Мальчиша, спрыгнул с коня и говорит:

— Дай мне, хороший Мальчиш, воды напиться. Я три дня не пил, три ночи не спал, три коня загнал. Узнала Красная Армия про нашу беду. Затрубили трубачи во все сигнальные трубы. Забили барабанщики во все громкие барабаны. Развернули знаменосцы все боевые знамёна. Мчится и скачет на помощь вся Красная Армия. Только бы нам, Мальчиш, до завтрашней ночи продержаться.

Слез Мальчиш с крыши, принёс напиться. Напился гонец и поскакал дальше.

Вот приходит вечер, и лёг Мальчиш спать. Но не спится Мальчишу — ну какой тут сон?

Вдруг он слышит на улице шаги, у окошка — шорох. Глянул Мальчиш и видит: стоит у окна всё тот же человек. Тот, да не тот: и коня нет — пропал конь, и сабли нет — сломалась сабля, и папахи нет — слетела папаха, да и сам-то стоит — шатается.

— Эй, вставайте! — закричал он в последний раз. — И снаряды есть, да стрелки побиты. И винтовки есть, да бойцов мало. И помощь близка, да силы нету. Эй, вставайте, кто ещё остался! Только бы нам ночь простоять да день продержаться.

Глянул Мальчиш-Кибальчиш на улицу: пустая улица.

Не хлопают ставни, не скрипят ворота — некому вставать.

И отцы ушли, и братья ушли — никого не осталось.

Только видит Мальчиш, что вышел из ворот один старый дед во сто лет. Хотел дед винтовку поднять, да такой он старый, что не поднимет. Хотел дед саблю нацепить, да такой он слабый,

что не нацепит. Сел тогда дед на завалинку, опустил голову и заплакал...

— Так я говорю, Алька? — спросила Натка, чтобы перевести дух, и оглянулась.

Уже не одни октябрята слушали эту Алькину сказку. Кто его знает, когда подползло бесшумно всё пионерское Иоськино звено. И даже башкирка Эмине, которая едва понимала по-русски, сидела задумавшаяся и серьёзная. Даже озорной Владик, который лежал поодаль, делая вид, что он не слушает, на самом деле слушал, потому что лежал тихо, ни с кем не разговаривая и никого не задевая.

— Так, Натка, так... Ещё лучше, чем так, — ответил Алька, подвигаясь к ней ещё поближе.

— Ну вот... Сел на завалинку старый дед, опустил голову и заплакал.

Больно тогда Мальчишу стало. Выскочил тогда Мальчиш-Кибальчиш на улицу и громко-громко крикнул:

— Эй же, вы, мальчиши, мальчиши-малыши! Или нам, мальчишам, только в палки играть да в скакалки скакать?

И отцы ушли, и братья ушли. Или нам, мальчишам, сидеть дожидаться, чтоб буржуины пришли и забрали нас в своё проклятое буржуинство?

Как услышали такие слова мальчиши-малыши, как заорут они на все голоса! Кто в дверь выбегает, кто в окно вылезает, кто через плетень скачет.

Все хотят идти на подмогу. Лишь один Мальчиш-Плохиш захотел идти в буржуинство. Но такой был хитрый этот Плохиш, что никому ничего не сказал, а подтянул штаны и помчался вместе со всеми, как будто бы на подмогу.

Бьются мальчиши от тёмной ночи до светлой зари. Лишь один Плохиш не бьётся, а всё ходит да высматривает, как бы это буржуинам помочь. И видит Плохиш, что лежит за горкой громада ящиков, а спрятаны в тех ящиках чёрные бомбы, белые снаряды да жёлтые патроны.

«Эге, — подумал Плохиш, — вот это мне и нужно».

А в это время спрашивает Главный Буржуин у своих буржуинов:

— Ну что, буржуины, добились вы победы?

— Нет, Главный Буржуин, — отвечают буржуины, — мы отцов и братьев разбили, и совсем была наша победа, да примчался к ним на подмогу Мальчиш-Кибальчиш, и никак мы с ним всё ещё не справимся.

Очень удивился и рассердился тогда Главный Буржуин, и закричал он грозным голосом:

— Может ли быть, чтобы не справились с Мальчишем? Ах вы, негодные трусищи-буржуищи! Как это вы не можете разбить такого маловатого? Скачите скорее и не возвращайтесь назад без победы!

Вот сидят буржуины и думают: что же это такое им сделать? Вдруг видят: вылезает из-за кустов Мальчиш-Плохиш и прямо к ним.

— Радуйтесь! — кричит он им. — Это всё я, Плохиш, сделал. Я дров нарубил, я сена натащил, и зажёг я все ящики с чёрными бомбами, с белыми снарядами да с жёлтыми патронами. То-то сейчас грохнет!

Обрадовались тогда буржуины, записали поскорее Мальчиша-Плохиша в своё буржуинство и дали ему целую бочку варенья да целую корзину печенья.

Сидит Мальчиш-Плохиш, жрёт и радуется.

Вдруг как взорвались зажжённые ящики! И так грохнуло, будто бы тысячи громов в одном месте ударили и тысячи молний из одной тучи сверкнули.

— Измена! — крикнул Мальчиш-Кибальчиш.

— Измена! — крикнули все его верные мальчиши.

Но тут из-за дыма и огня налетела буржуинская сила, и схватила и скрутила она Мальчиша-Кибальчиша.

Заковали Мальчиша в тяжёлые цепи. Посадили Мальчиша в каменную башню. И помчались спрашивать: что же с пленным Мальчишем прикажет теперь Главный Буржуин делать?

Долго думал Главный Буржуин, а потом придумал и сказал:

— Мы погубим этого Мальчиша. Но пусть он сначала расскажет нам всю их Военную Тайну. Вы идите, буржуины, и спросите у него:

— Отчего, Мальчиш, бились с Красной Армией Сорок Царей да Сорок Королей, бились, бились, да только сами разбились?

— Отчего, Мальчиш, и все тюрьмы полны, и все каторги забиты, и все жандармы на углах, и все войска на ногах, а нет нам покоя ни в светлый день, ни в тёмную ночь?

— Отчего, Мальчиш, проклятый Кибальчиш, и в моём Высоком Буржуинстве, и в другом — Равнинном Королевстве, и в третьем — Снежном Царстве, и в четвёртом — Знойном Государстве в тот же день в раннюю весну и в тот же день в позднюю осень на разных языках, но те же песни поют, в разных руках, но те же знамёна несут, те же речи говорят, то же думают и то же делают?

Вы спросите, буржуины:

— Нет ли, Мальчиш, у Красной Армии военного секрета? И пусть он расскажет секрет.

— Нет ли у наших рабочих чужой помощи? И пусть он расскажет, откуда помощь.

— Нет ли, Мальчиш, тайного хода из вашей страны во все другие страны, по которому как у вас кликнут, так у нас откликаются, как у вас запоют, так у нас подхватывают, что у вас скажут, над тем у нас задумаются?

Ушли буржуины, да скоро назад вернулись:

— Нет, Главный Буржуин, не открыл нам Мальчиш-Кибальчиш Военной Тайны. Рассмеялся он нам в лицо.

— Есть, — говорит он, — и могучий секрет у крепкой Красной Армии. И когда б вы ни напали, не будет вам победы.

— Есть, — говорит, — и неисчислимая помощь, и сколько бы вы в тюрьмы ни кидали, всё равно не перекидаете, и не будет вам покоя ни в светлый день, ни в тёмную ночь.

— Есть, — говорит, — и глубокие тайные ходы. Но сколько бы вы ни искали, всё равно не найдёте... А и нашли бы, так не завалите, не заложите, не засыплете. А больше я вам, буржуинам, ничего не скажу, а самим вам, проклятым, и ввек не догадаться.

Нахмурился тогда Главный Буржуин и говорит:

— Сделайте же, буржуины, этому скрытному Мальчишу-Кибальчишу самую страшную Муку, какая только есть на свете, и выпытайте от него Военную Тайну, потому что не будет нам ни житья, ни покоя без этой важной Тайны.

Ушли буржуины, а вернулись теперь они не скоро. Идут и головами покачивают.

— Нет, — говорят они, — начальник наш, Главный Буржуин. Бледный стоял он, Мальчиш, но гордый, и не сказал он нам Военной Тайны, потому что такое уж у него твёрдое слово. А когда мы уходили, то опустился он на пол, приложил ухо к тяжёлому камню холодного пола, и, ты поверишь ли, о Главный Буржуин, улыбнулся он так, что вздрогнули мы, буржуины, и страшно нам стало, что не услышал ли он, как шагает по тайным ходам наша неминучая погибель?..

— Это не по тайным... это Красная Армия скачет! — восторженно крикнул не вытерпевший октябрёнок Карасиков.

И он так воинственно взмахнул рукой с воображаемой саблей, что та самая девчонка, которая ещё недавно, подскакивая на одной ноге, безбоязненно дразнила его «Карасик-ругасик», недовольно взглянула на него и на всякий случай отодвинулась подальше.

Тут Натка оборвала рассказ, потому что издалека раздался сигнал к обеду.

— Досказывай, — повелительно приказал Алька, сердито заглядывая ей в лицо.

— Досказывай, — убедительно произнёс раскрасневшийся Иоська. — Мы за это быстро построимся.

Натка оглянулась. Никто из ребятишек не поднимался. Она увидела много-много ребячьих голов — белокурых, тёмных, каштановых, золотоволосых. Отовсюду на неё смотрели глаза — большие, карие, как у Альки, ясные, васильковые, как у той синеглазой, что попросила сказку, узкие, чёрные, как у Эмине. И много, много других глаз — обыкновенно весёлых и озорных, а сейчас задумчивых и серьёзных.

— Хорошо, ребята, я доскажу.

...И стало нам страшно, Главный Буржуин, что не услышал ли он, как шагает по тайным ходам наша неминучая погибель?

— Что это за страна? — воскликнул тогда удивлённый Главный Буржуин. — Что же это такая за непонятная страна, в которой даже такие малыши знают Военную Тайну и так крепко держат своё твёрдое слово? Торопитесь же, буржуины, и погубите этого гордого Мальчиша. Заряжайте же пушки, вынимайте сабли, раскрывайте наши буржуинские знамёна, потому что слышу я, как трубят тревогу наши сигнальщики и машут флагами наши махальщики. Видно, будет у нас сейчас не лёгкий бой, а тяжёлая битва.

— И погиб Мальчиш-Кибальчиш... — произнесла Натка.

При этих неожиданных словах лицо у октябрёнка Карасикова сделалось вдруг печальным, растерянным, и он уже не махал рукой. Синеглазая девчурка нахмурилась, а веснушчатое лицо Иоськи стало злым, как будто его только что обманули или обидели. Ребята заворочались, зашептались, и только Алька, который знал уже эту сказку, один сидел спокойно.

— Но... видели ли вы, ребята, бурю? — громко спросила Натка, оглядывая приумолкших ребят. — Вот так же, как громы, загремели боевые орудия. Так же, как молния, засверкали огненные взрывы. Так же, как ветры, ворвались конные отряды, и так же, как тучи, пронеслись красные знамёна. Это так наступала Красная Армия.

А видели ли вы проливные грозы в сухое и знойное лето? Вот так же, как ручьи, сбегая с пыльных гор, сливались в бурливые, пенистые потоки, так же при первом грохоте войны забурлили в Горном Буржуинстве восстания, и откликнулись тысячи гневных голосов и из Равнинного Королевства, и из Снежного Царства, и из Знойного Государства.

И в страхе бежал разбитый Главный Буржуин, громко проклиная эту страну с её удивительным народом, с её непобедимой армией и с её неразгаданной Военной Тайной.

А Мальчиша-Кибальчиша схоронили на зелёном бугре у Синей Реки. И поставили над могилой большой красный флаг.

Плывут пароходы — привет Мальчишу!
Пролетают лётчики — привет Мальчишу!
Пробегут паровозы — привет Мальчишу!
А пройдут пионеры — салют Мальчишу!

Вот вам, ребята, и вся сказка.

ПЕРЕБЕЖЧИКИ

Я только что сел за поданный доброй хозяйкой ломоть горячего хлеба с молоком, как в дверь с шумом ворвался подчасок и крикнул:

— Товарищ командир! Подбираются белые, прямо так по дороге и прут человек двадцать.

Я выскочил. Пост был шагах в сорока, у стены кладбища. Первый взвод уже рассыпался вдоль каменной ограды, и пулемётчик, вдёрнув ленту, сказал:

— Эк прут! От луны светло, всех дураков тремя очередями снять можно. Разреши, товарищ командир, пропустить полленты...

— Погоди, — ответил я, — тут что-то дело не то. Уж не перебежчики ли это? Смотри, вон все остановились, а двое вперёд вышли.

Два человека, отделившись, шли прямо на нас; на полпути они поснимали шапки и подняли их на штыки винтовок.

«Парламентёры от перебежчиков», — решил я окончательно и крикнул:

— Ребята, осторожней с винтовками, не то отпугнёте выстрелом!

Парламентёры были рядом, их окликнули.

— Товарищи, — раздался в ответ крик, — товарищи, не стреляйте! Мы свои, мы перебежчики, мы к вам.

Их окружили, расспрашивали быстро, коротко.

— Сколько?

— Восемнадцать! Один раненый.

— Откуда?

— Из четырнадцатого крестьянского.

— Пускай остальные подходят. Винтовки возле той берёзы побросайте — живо...

Оба во весь дух понеслись обратно. Красноармейцы, столпившись кучею, топтались по снегу и с любопытством смотрели, что будет дальше.

— Смотри-ка, тащат что-то!

— Говорили, что раненый.

— Как бы не «максимку», а то как полыснут, вот тебе и будет раненый.

— Не полыснут. Видите, винтовки бросать начинают.

Теперь видно было, как перебежчики, поравнявшись с берёзой, остановились, разом — подчёркнуто, чётко — подняли винтовки и пошвыряли далеко в стороны.

— Эх, вот дурачьё-то! Сложили бы на дороге, а то кто за ними подбирать будет?

Подошли.

Началась суета.

— Где раненый?

— Давай сюда...

— Стой, занеси в избу, да осторожней, не бревно, чай.

— Давай под голову шинель... или нет, тащи от хозяйки полушубок.

Пришёл лекпом и гаркнул басом:

— А ну, выметайтесь, лишние... Что-о?! Посмотреть?! Когда сам пулю получишь, тогда и посмотришь.

Раненый был без сознания.

— Как? — спросил я лекпома.

— Плох, — покачал головой тот. — Пробито лёгкое...

Я вышел на улицу. По дороге встретил комиссара полка.

— Зайдём, — сказал он мне, — сейчас с перебежчиками разговаривать буду.

Зашли. Все разом поднялись.

— Сидите, — сказал комиссар добродушно и удивлённо. — Что я вам, генерал, что ли?

Разговор сначала не завязывался, перебежчики отвечали коротко и односложно, как будто бы боялись лишним необдуманным словом навлечь на себя гнев.

— Так зачем же вы, братцы, перебегали? — хитро сощурившись, спросил комиссар. — Служба, что ли, там хуже или хлеба меньше дают? Так и у нас ведь не больно разъешься.

По-видимому, последнее замечание задело кое-кого за живое, потому что несколько голосов ответили горячо, оправдываясь:

— Тут дело не в пайку.

— Нам с ними нет интереса.

— Они за своё, а мы за своё.

— У их офицеры лютые, хуже, чем при режиме.

Завязалась оживлённая беседа. Перебежчики расспрашивали и рассказывали сами.

— У них Будённого дюже боятся, говорят, что будто беглый каторжник посадил на коней арестантов и носится.

— Так что же они от каторжника утекают?

— Они говорят, что это только для видимости, как бы заманивают его на Кубань, а там казаки им покажут...

— А кто это раненый у вас? — спросил я. — Где его?..

Отвечало сразу несколько голосов:

— Так это же отделённый наш!

— Самый главный во всём этом. Из-за него, можно сказать, перебегли мы. Сам он казак, однако всегда сговаривал нас, чтобы перебежать. Мы всё не решались, наконец сегодня говорит прямо: «Если вы не хотите, перебегу один». Ну, мы согласились, когда уж такое дело, — собрались и пошли под видом разведки. Только-только заставу перешли, откуда ни возьмись, ротный на коне, посты проверял. Взяло его подозрение, какая такая разведка. «А ну, марш по домам!» Мы было заколебались, а отделённый наш возьми вскинь винтовку да как грохнет по офицеру, тот так и тюкнулся.

Ну, мы видим — ворочаться поздно. Давай ходу. Застава по нам огонь открыла, мы по ней. Совсем было за бугор забежали, да вздумалось ему ещё раз по белым стрельнуть. Только остановился, как его пулей и прихватило. Подхватили мы его и понесли. Дорогой память ему отшибать стало, и всё просился: «Братцы, донесите до товарищей! Не могу на белой земле помирать, хочу к своим».

Крови много вышло, помрёт, должно быть... Так хотел с красными заодно, а не пришлось, видно.

И глухо поддакнула с горечью вся изба:

— Так хотел, а не пришлось...

Я вышел на улицу. Было морозно и тихо. Зашёл в избу к раненому.

— Плох, — сказал мне стоявший возле него полковой доктор, — совсем плох...

Лампа бросала тусклый, помертвевший свет. Раненый лежал, раскинувшись и полузакрыв глаза.

— Товарищи, — прошептал вдруг он запёкшимися губами. — Товарищи!

— Да, да, товарищи, — успокаивая, ответил я.

Нечто вроде слабой, больной улыбки разлилось по его лицу, и он прошептал опять:

— Я тоже ваш...

Потом замолчал, откинулся назад, гневно забормотал что-то несвязное, непонятное, какую-то невысказанную угрозу невидимому врагу, и розоватой, окрашенной кровью пеною окрасились уголки его запёкшихся губ.

Я вышел и пошёл потихоньку к окраине деревушки.

«Да, ты тоже красный, ты тоже наш, — подумал я. — Кровью и жизнью заплативший за право быть в рядах лучших из нас. А это дорогая, очень дорогая цена, которую сможет дать далеко не всякий».

Возле крайнего домика я остановился и оглянулся.

Бледный круг, спутник сильного мороза, широко охватывал небо возле яркой зимней луны. Молчали скованные снежным покоем поля, застывшие в безветрии. И дорога, по которой лежал наш завтрашний путь, убегала вдаль, изгибаясь, и терялась у смутного горизонта, там, где чёрный лес окаменел тайною и красные звёзды спускались над сугробами низко.

ПОХОД

Ночью красноармеец принёс повестку. А на заре, когда Алька ещё спал, отец крепко поцеловал его и ушёл на войну — в поход.

Утром Алька рассердился, зачем его не разбудили, и тут же заявил, что и он хочет идти в поход тоже. Он, вероятно бы, закричал, заплакал. Но совсем неожиданно мать ему в поход идти разрешила.

И вот для того, чтобы набрать перед дорогой силы, Алька съел без каприза полную тарелку каши, выпил молока. А потом они с матерью сели готовить походное снаряжение. Мать шила ему штаны, а он, сидя на полу, выстругивал себе из доски саблю. И тут же, за работой, разучивали они походные марши, потому что с такой песней, как «В лесу родилась ёлочка», никуда далеко не нашагаешь. И мотив не тот, и слова не такие, в общем эта мелодия для боя совсем неподходящая.

Но вот пришло время матери идти дежурить на работу, и дела свои они отложили на завтра.

И так день за днём готовили Альку в далёкий путь. Шили штаны, рубахи, знамёна, флаги, вязали тёплые чулки, варежки. Одних деревянных сабель рядом с ружьём и барабаном висело на стене уже семь штук.

А этот запас не беда, ибо в горячем бою у звонкой сабли жизнь ещё короче, чем у всадника.

И давно, пожалуй, можно было бы отправляться Альке в поход, но тут наступила лютая зима. А при таком морозе, конечно, недолго схватить и насморк или простуду, и Алька терпеливо ждал тёплого солнца. Но вот и вернулось солнце. Почернел талый снег. И только бы, только начать собираться, как загремел звонок. И тяжёлыми шагами в комнату вошёл вернувшийся

из похода отец. Лицо его было тёмное, обветренное, и губы потрескались, но серые глаза глядели весело.

Он, конечно, обнял мать. И она поздравила его с победой. Он, конечно, крепко поцеловал сына. Потом осмотрел всё Алькино походное снаряжение. И, улыбнувшись, приказал сыну: всё это оружие и амуницию держать в полном порядке, потому что тяжёлых боёв и опасных походов будет и впереди на этой земле ещё немало.

МАРУСЯ

Шпион перебрался через болото, надел красноармейскую форму и вышел на дорогу.

Девочка собирала во ржи васильки. Она подошла и попросила ножик, чтобы обровнять стебли букета.

Он дал ей нож, спросил, как её зовут, и, наслышавшись, что на советской стороне людям жить весело, стал смеяться и напевать весёлые песни.

— Разве ты меня не узнаёшь? — удивлённо спросила девочка. — Я Маруся, дочь лейтенанта Егорова. Этот букет я отнесу папе.

Она бережно расправила цветы, и в глазах её блеснули слёзы.

Шпион сунул нож в карман и, не сказав ни слова, пошёл дальше.

На заставе Маруся говорила:

— Я встретила красноармейца. Я сказала, как меня зовут, и странно, что он смеялся и пел песни.

Тогда командир нахмурился, крикнул дежурного и приказал отрядить за этим «весёлым» человеком погоню.

Всадники умчались, а Маруся вышла на крутой берег и положила свой букет на свежую могилу отца, только вчера убитого в пограничной перестрелке.

СОДЕРЖАНИЕ

Тимур и его команда 5

Сказка про военную тайну,
Мальчиша-Кибальчиша и его твёрдое слово 104

Перебежчики 117

Поход 123

Маруся 125

Литературно-художественное издание
Для детей среднего школьного возраста

Серия «Школьная библиотека»

Аркадий Петрович Гайдар

ТИМУР И ЕГО КОМАНДА
РАССКАЗЫ

Дизайн обложки ООО «Форпост»
Редактор Анна Дюжикова
Вёрстка Гагика Сарояна
Корректор Оксана Рубанова
Художник Юрий Кравец

Подписано в печать 06.11.2019. Формат 70х90/16.
Бумага офсетная. Печать офсетная. Гарнитура «Calibri».
Усл. печ. л. 9,36. Заказ № 196288. Тираж 5 000 экз.
Дата изготовления: декабрь 2019 г.
Соответствует требованиям ТР ТС 007/2011 «О безопасности продукции, предназначенной для детей и подростков».

Отдел продаж книжной продукции:
346720, Россия, Ростовская область, г. Аксай, ул. Шолохова, 1 Б;
тел./факс: 8 (863) 210-11-67, 210-11-68, 210-11-76

«Баспа үйі «Проф-Пресс» ЖШҚ-да басып шығарылды,
346720, Ресей, Ростов облысы, Аксай қ., Шолохов көш., 1 Б;
тел.: 8 (863) 210-11-67, 210-11-68, 210-11-76

E-mail: book@prof-press.ru; www.prof-press.ru; knigipp.ru

Для писем: 344019, Ростов-на-Дону,
издательский дом «Проф-Пресс», а/я 5782, редакция.

vk.com/prof_press
facebook.com/id.profpress
ok.ru/profpress
instagram.com/prof__press

Изготовлено и отпечатано в России,
в ООО «Издательский дом «Проф-Пресс».
Местонахождение: 346720, РФ, Ростовская обл.,
г. Аксай, ул. Шолохова, д. 1 Б, лит. А, оф. 1;
тел.: 8 (863) 210-11-67.

В СЕРИИ «ШКОЛЬНАЯ БИБЛИОТЕКА» ВЫШЛИ:

В.В. Бианки	*Лесные домишки*
А.П. Гайдар	*Тимур и его команда*
	Чук и Гек
Н.В. Гоголь	*Ночь перед Рождеством*
	Повести
	Ревизор
М. Горький	*На дне*
А.С. Грин	*Алые паруса*
Ф.М. Достоевский	*Белые ночи*
В.Ю. Драгунский	*Заколдованная буква. Денискины рассказы*
	Кораблёв, к доске! Денискины рассказы
С.А. Есенин	*Стихи*
Б.С. Житков	*Разиня и другие рассказы*
Н.М. Карамзин	*Повести*
И.А. Крылов	*Басни*
А.И. Куприн	*Рассказы о животных*
М.Ю. Лермонтов	*Стихи. Поэмы*
Н.С. Лесков	*Тупейный художник*
Д.Н. Мамин-Сибиряк	*Алёнушкины сказки*
В.В. Маяковский	*Стихи и поэмы*
Н.А. Некрасов	*Стихи*
В.А. Осеева	*Волшебное слово*